金大中事件
最後のスクープ

古野喜政
Furuno Yoshimasa

東方出版

序

二〇一〇年、私たちは日韓併合から百年を迎えた。一九四五年、日本の第二次大戦敗北で朝鮮半島は植民地の軛《くびき》から解き放たれ、二〇年後、半島の南半分、大韓民国と日本は国交を正常化した。さらに八年後の一九七三年、日本に亡命していた韓国の政治家・金大中が白昼、東京のど真ん中から拉致されソウルに連行された。金大中拉致事件である。韓国中央情報部による犯行であり、明白な主権侵害だった。今なお植民地時代の歴史をひきずる日本政府は、国際慣例に反した外交処理で金大中を見殺しにした。

被害者金大中も犯行の最高責任者李厚洛も鬼籍に入った。事件から三七年、私はとうとう誰が、どのようにして主権を放棄したか、なぜ主権侵害であることを認めようとしなかったのか、その核心に迫ることができた。

私は二〇〇九年八月二三日、ソウル・汝矣島の国会議事堂前広場で営まれた金大中の国葬に参席した。

祭壇の両脇に備えられた大スクリーンに生前の金大中の姿が映し出された。一九七一年の大統領選挙、朴正煕との一騎打ちで演説する南山公園での金大中。東京から拉致され、自宅に戻った金大中。顔にケガのあとが生々しい。政治決着で談笑する田中角栄首相、大平正芳外相、金鍾泌首相。死刑判決を言い渡された光州事件の軍法会議法廷。

金大中の政敵・朴正煕は三〇年前に暗殺された。拉致事件当時の首相金鍾泌は重病の床にあって葬儀に姿は見せなかった。金大中を殺そうとした全斗煥元大統領が献花する瞬間、スクリーンには獄衣を着せられ、丸坊主にされた金大中の無惨な姿が映し出された。凄まじい権力闘争の歴史を目のあたりにした。

日本政府はなぜ金大中を見殺しにしたのだろうか。一時間二〇分の葬儀の間中、私の耳元では「日本政府はなぜあんな解決をしなければならなかったのか」という金大中の押し殺した声が響き続けた。

事件から三七年経った。若い人には金大中事件についての説明が必要になっている。一九七三年八月、日本に亡命していた前大統領候補で、独裁者朴正煕と一騎打ちをした金大中が、白昼、亡命先の東京のホテルから拉致され、五日後、ソウルの自宅に強制連行された。日本の警察は犯人の一人として駐日韓国大使館一等書記官・金東雲を犯人と断定。任意出頭を求めたが、韓国政府は拒否した。時の田中角栄政権は国際慣例（本書一三四頁参照）に目をつむり、金大中の原状回復（再来日）を求めなかった。その結果、金大中は自宅軟禁、逮捕、投獄の日々を送り、七年後、死刑判決を受け、あわや命を落とすところまで追い込まれた。

政治決着から三週間たった一九七三年一一月二三日午後七時から二時間、私はソウル市東橋洞の金大中の旧宅奥の間で話を聞いた。

あの頃、金大中の家の中は、どこにいても盗聴されていると考えられていた。ラジオのボリュームをいっぱいに上げ、声は自然と押し殺したようになった。

「自宅監禁中、言葉では言い表せない目にあった。どこかから電話がかかってくる。電話の横には二四時間捜査員が座っている。誰からかかったのかは言わない。上の息子二人が自宅から軍隊に通っている。その子が帰って来ない。仕事で帰れないと連絡してきたのに教えてくれない。わたしたち夫婦は、ついに子どもも逮捕されたのかとまんじりともせず夜を明かしたことが何度もあった」

「日本政府がなぜあんな解決をしなければならなかったか、わからない。なぜ私を国外に出す約束を取り付けてくれなかったのだろう。日本政府、田中さん（角栄首相）、大平さん（正芳外相）のとった処置は政治家としてそれなりに理解できる。しかし、同じ政治家として、一人の政治家が危険にさらされているのを、どうして救おうとしなかったのか、政治家として、人の命に対する温かみを持ってくれなかったのだろうかと考える」

「なぜ日本政府が強い態度をとらなかったのか。証拠はなく、あくまで情報だが、こんな話をきいた。相当の地位の人から聞いたのだ。自衛隊が事件に関係していたというのだ。問題の探偵社の者は現在行方不明だそうだが、かれらは予備役を装った自衛隊機関員だという。だから金東雲（駐日大使館一等書記官）を割り出し、韓国政府に突き付けたとき、韓国政府は何を言っているのか、と開き直った。調べを受けている最中、日本側が私を渡せと言ってきたとき、かれらは私の前でせせら笑っていた」

この夜のメモを今読み返すと自宅監禁されていた金大中がどんな方法でこんな情報を集めていたのかと驚く。

「自衛隊が事件に関係していた」「その自衛隊員は現在行方不明だそうだ」この金大中の話を私はずっと追い続けていた。そして、〝証拠〟をつかみ、解明への足がかりをつかんで、原稿執筆に入ったとき、金大中危篤、続いて訃報が届いた。もうすこし生きてくれていたら、とスクリーンを見上げながら私は執筆の遅れを悔やんだ。

このメモの通り、先妻との間に生まれた長男と二男は当時軍隊にいた。夜、金大中と話し込んでいるとき、軍隊から戻ってきた二人と挨拶を交わしたことは何度かある。李姫鎬夫人との間に生まれた三男弘傑は、まだ国民学校三年生だった。年をとってからの子どもだったから、夫妻は目の中に入れても痛くないほどの可愛がりようだった。

国葬には夫人と三人の息子も出席していた。人目を引いたのは長男の弘一（六一歳）だった。車椅子に乗って参列していたが、口を開けたまま顔を上向け、焦点の定まらない目線、遠目に見てもひどい病気だとわかった。かんかん照りの式の最中、車椅子は木陰に移された。

ネット新聞は、弘一について長文の記事を載せた。ふくよかで美男子と言われた往年の弘一の写真と、知人でさえわからないほどやつれ、パーキンソン病で言葉も失い歩くことも、身動きさえできない弘一の写真を並べて掲載した。

金大中の死の翌日、秘書は次のように話した。一九八〇年五月一七日、金大中は全斗煥新軍部によって内乱陰謀罪に問われ逮捕され、後に死刑判決を受けた。この事件で中央情報部・KCIAは弘一を逮捕、「DJ（金大中）はパルゲンイ（アカ・共産主義者）だと白状しろ」と強要され、拒否すると「激しい拷問を受け、投げ飛ばされ、腰などの神経系統に傷を負い、一〇年後、この拷問の後遺症でパーキンソン病を発病したとみられる」。

一九九五年、すでに発病していた弘一は国会議員になった。金大中の側近からも反対する意見が出た。長年民主化闘争を闘ってきた私の友人の一人は、弘一の出馬に反対して金大中から遠ざかった。こうした声に対して金大中は「父親として子どものために何一つしてやれず、弘一は私のために拷問を受け、障害者になった。父親として息子を国会議員にしてやることさえやめろというのか」と弘一の出馬を押し切った。記事は、弘一も〝歴史の被害者〟であると書き、言葉を失った弘一が「愛し尊敬した父の死に直面して、最後にできたのは、死力を尽くして〝お父さん〟と叫ぶことだけだった」と結んでいる。

歴史に〝もし〟はないという。あえて〝もし〟を言うなら、日本政府があのとき、繰り返し国民に約束したように、主権侵害行為に対する国際慣例通りに金大中の原状回復を求め、独裁政権の手から救いだし、金大中の再来日を実現しておれば、さらに言えば光州事件で「滞日中の行為は訴追しない」としたはずの政治決着違反をとがめて、軍法会議の法廷から解きはなっておれば、少なくとも、長男弘一が車椅子で国葬の場に参列することはなかった。

誰があの政治決着をやり、金弘一を障害者にしたのか。私は、三七年間、一万三千日たってようやく答えを見つけた。それは田中角栄であり、彼の下で辣腕を振った官房副長官後藤田正晴だった。この男は、主権放棄の妨げになる〝生き証人〟二人を官房機密費を使って世間の目から隠した。日本の政治史、外交史上、想像もできない事実を、〝証人〟が私に告白した。

田中角栄政権以来、日本には数えきれない政権が誕生した。田中角栄から麻生太郎までの首相は二〇人を数える。金大中事件について、どの政権も真相究明のため指一本動かそうとはしなかった。金大中が死んだ日の日本の新聞紙面は、これで事件の真相は闇に包まれたまま終わるだろうと書いた。それでよいのだろうか。三〇余年たって韓国国情院（元KCIA）が真相を究明しようとしたとき、日本外務省はその作業を妨害さえしたという。日本に新しい政権が生れた。金大中事件で主権を放棄した事件の真相解明を、新しい政権にもう一度だけ期待したいと思う。金大中事件は、犯人逃亡、時効中断で今も生き続けている。韓国の真相究明委員長は、朴政権が犯行を否定したことを口実に日本政府は主権を放棄した、と断じる。なぜそんなことをしたのか。金大中の鎮魂の意味で、証人を隠して原状回復を妨げた男の話を書こう。

【本書の主要登場人物】

金大中（一九二四〜二〇〇九）　全羅南道荷衣島生れ。一九六一年国会議員に当選、七一年新民党大統領候補、朴正煕に惜敗。七三年、亡命中の東京ホテルグランドパレスからＫＣＩＡによって拉致される。八〇年五月、全斗煥新軍部のクーデターで逮捕され死刑判決を受けたが海外からの抗議で救われ、米国に亡命。一九九七年四度目の大統領選で勝利。対北の〝太陽政策〟を唱え、二〇〇〇年金正日との南北会談を実現させ、ノーベル平和賞受賞。

朴正煕（一九一七〜一九七九）　慶尚北道善山生れ。大邱師範卒、旧満州の新京軍官学校、日本陸士卒、関東軍に配置される。戦後韓国陸士二期。六一年五月一六日、姪の婿金鍾泌ら陸士八期生に担がれてクーデターを主導し政権を掌握。二年後に民選大統領になり、七九年一〇月二六日、部下の金載圭に暗殺されるまで一八年五ヶ月間執権。ＫＣＩＡを使った強権独裁で民主化運動を弾圧する一方で急速な経済成長を実現した。妻陸英修も七四年、在日韓国人文世光の大統領射殺事件の巻き添えで死んだ。

李厚洛（一九二四〜二〇〇九）　慶尚南道蔚山生れ。軍出身で五・一六軍事クーデター以後朴正煕の側近№1。朴正煕教信者と言われた。大統領秘書室長、ＫＣＩＡ部長を歴任。七二年五月朴正煕の特命で平壌を訪問、七・四南北共同声明を成功させる。七三年八月、東京からＫＣＩ

A海外工作団を使って金大中を拉致させ、その責任を負わされて解任された。

田中角栄（一九一八〜一九九三）　新潟県生れ。高等小学校卒で上京。初め土建業を営み、政界入り。衆院当選一六回、自民党。郵政、大蔵各大臣、党政調会長、幹事長を歴任、七二年首相。列島改造構想で土地騰貴を招き、金脈問題で七四年退陣。七六年ロッキード事件で逮捕される。首相在任中、日中国交正常化を果たす。金大中拉致事件では主権を放棄、金大中の原状回復を行なわなかった。

大平正芳（一九一〇〜一九八〇）　香川県生れ。東京商大（現一ツ橋大）卒、大蔵省。池田勇人蔵相の秘書官から政界入り。池田派「宏池会」を引き継ぎ、衆院当選一一回、自民党。外相、蔵相を歴任、七八年首相、八〇年選挙運動中に急死。田中内閣の外相のときに金大中拉致事件が起る。ライシャワーは金大中に「日本で一番信用のできる男」と大平を紹介。最初は「内外に納得のいく解決を」と繰り返すが、結局政治決着で金大中を見殺しにした。

【金大中拉致事件略年表】

1972年10月17日　朴正煕韓国大統領は戒厳令を敷き「一〇月維新」を唱え、全権を一身に掌握。病気治療で来日中の金大中元大統領候補は亡命を決意、以後日本と米国を往復して反独裁、民主化闘争を続ける。

1973年7月10日　金大中、米国から日本に戻る。

8月8日　ホテルグランドパレスに梁一東・民主統一党党首を訪問、帰ろうとした金大中を怪漢六人が拉致。

8月12日　ミリオン資料サービス坪山晃三社長捜査本部に出頭、金東雲について証言。

8月13日　夜、金大中はソウル市東橋洞の自宅近くで解放された。三日後に監禁状態に。

9月5日　日本政府は、金東雲・駐日韓国大使館一等書記官を犯人の一人と断定、任意出頭を求める。韓国政府は拒否。犯行現場から採取した指紋と入管に残されていた金東雲の指紋が一致したと発表。

9月24日　「東京新聞」「西日本新聞」「北海道新聞」夕刊で金東雲が元自衛隊員経営の興信所（ミリオン資料サービス）に金大中の張込みを依頼したと報

道。

9月26日～10月11日　田中角栄首相訪欧ソ。

9月末～12月末　後藤田正晴内閣官房副長官の指示でミリオン資料サービスの坪山晃三、江村菊男地下に潜伏。

11月2日　日韓両政府、第一次政治決着。金鍾泌首相、訪日して陳謝。

1975年7月23、24日　宮澤外相訪韓、「金大中事件は最終的に決着」と表明、第二次政治決着。

1976年3月　「三・一民主救国宣言事件」で金大中逮捕。

1979年10月26日　朴正煕、金載圭KCIA部長に射殺される。全斗煥実権を握る。

1980年5月17日　全斗煥新軍部、金大中を国家転覆陰謀罪で逮捕、軍法会議で死刑判決。

1982年12月　金大中一家米国に亡命。

1998年2月　金大中大統領に就任。

2000年12月　金大中ノーベル賞受賞。

2009年8月18日　金大中死亡。

10月31日　李厚洛死亡。

●目次

第一のスクープ

金東雲を知る男の証言

金東雲の素顔

三〇年以上もの長い間、金東雲に会いたいと思い続けた。金大中の側近に頼んだ。生きていることは確認できたが、会うことは不可能という返事が返ってきた。ソウルの新聞社の幹部に同じ依頼をした。彼自身が金東雲に会おうと手をつくしたが、こちらの希望が相手に伝わっているかどうかも確認できなかった、と返事が戻ってきた。

日本国内で金東雲の素顔を知る人を探した。これまでに三人に会えた。

金東雲の追跡は新宿駅東口から始まった。

二〇〇九年五月の連休が終わった日だった。私は九州で生まれて京都の大学を出て、新聞記者生活の大半は大阪だった。東京の地理には不案内だ。こういう人混みだから、金東雲は怪しまれることなく諜報活動ができたのか、と納得した。

一階がスーパーの六階建てビルの最上階にある、だだっ広いレストランにたどり着いた。すでに笠井清が待っていた。私の会った金東雲の素顔を知る男の一人である。

笠井の存在を知ったのは、前年の暮れだ。金東雲を知るもう一人、坪山晃三を金東雲に紹介した人物として笠井の名前が出た。金大中事件と日本の情報機関、公安調査庁と自衛隊の関係を解きほぐす第一のカギが笠井だった。金大中事件からすでに三七年たっている。笠井の名前と証言が金大中事件と結びつけて活字になるのはこれがはじめてである。

笠井は私よりちょうど一回り上の子年である。私が会った時点では満八五歳だった。真夏日だというのに、スーツをきちんと着て、ネクタイを締め、ソフトをかぶっていた。中肉中背で、戦前の日本人はこういう感じだったのだなと思わせた。どういう職業を経て来た人か、当てることは難しい。

ソウルで会ったKCIA部員に共通していたのは、目立たない男たちだった。もう一度街中で会っても思い出せないのではないかと思ったことがなんどもある。笠井は日本の情報マンだった。雰囲気に、情報組織に属する人に共通する印象があった。

このレストランは長年、笠井がなじみにしてきたらしく、店長とざっくばらんな会話を交わしていた。酒好きのようだった。形通りビールを飲んで、後は清酒になった。

私が上京する前に、手書きの道案内の地図をファックスで送ってくれた。「せいぜい昔のことを思い出すようにします」と添え書きしてあった。

「私たちは、あの男を金東雲なんて呼んでませんでしたよ。佐藤と呼んでいた」

情報組織では金東雲は〝佐藤〟と呼ばれていたことは、拉致事件から一ヶ月半後に公表されている。

◆「佐藤と名乗る男は、自分の身分や連絡先は明らかにしないで（突然私立探偵社に）依頼してきた」（一九七三年九月二五日　参議院本会議・江崎真澄国家公安委員長）

拉致事件から一ヶ月半、日韓の外交交渉はデッドロックに乗り上げていた。一九七三年九月二四日の「東京新聞」「西日本新聞」「北海道新聞」夕刊のスクープ（本書六〇頁参照）で、元自衛隊員経営の私立探偵社が金大中の見張りをしていたと報道、問題になった。これは翌日の国会答弁だ。

この答弁で、日本政府は「佐藤と名乗る男」が金大中拉致実行犯六人の内の一人金東雲であり、この男、つまり金東雲は七月中旬、拉致事件発生三週間前に突然探偵社に現われた、と説明した。日本政府は、この国会答弁以来今日にいたるまで三七年間、この説明を変えていない。

新宿のレストランで会った笠井清は、いとも簡単に日本政府が嘘を言い続けてきたことをばらしてしまった。笠井の、あまりにもあっけらかんとした言い方に、私の杯を持つ手が空中で止まってしまった。

「佐藤（金東雲）とはじめて会ったのは、そう、一九六七年だったと思います。私たち公安調査庁関係の人間も、警察の外事も、自衛隊の情報機関員も、佐藤（金東雲）が中央情報部員であることは知っていましたよ」

一九六七年というのは、金東雲が〝佐藤〟を名乗って私立探偵社に現われたと政府が主張するより六年以上も前である。金東雲は突然私立探偵社を訪れたのでもなんでもない。そもそも金東雲は私立探偵社を一度も訪ねていない。日本の情報機関との長いつながりの果てに金大中事件の見張りを公安調査庁のダミー会社と、自衛隊を辞めたばかりの元隊員と現職隊員が経営する探偵会社に頼んだのだ。

日本政府が、佐藤・金東雲について嘘を吐きとおしてきた理由は、いくつもあるだろう。その一つは日本の情報機関と韓国中央情報部（ＫＣＩＡ）とのつながりを隠蔽するためだったのだと思った。なるほどそうだったのか。今回の取材をとおして、何度も味わった「そうだったのか」のはじまりだった。

「序」で書いたように、金大中は一九七三年一一月二三日、ソウル市麻浦区東橋洞の自宅奥の間で、二時間にわたって私に心境を語った。その三週間前の一一月二日、日韓両政府が行なった第一次政治決着に言及して金大中は、心境を語った。なぜ日本は原状回復して自分を国外に出してくれなかったか。

「自衛隊が事件に関係していたという。日本が金東雲を割り出し、韓国政府に突き付けたとき、韓国政府は何を言っているのかとせせら笑った」

せせら笑った理由を、笠井は証言したのだ。情報機関がつながっていたということの事実が、拉致事件当時表面化しておれば、日本政府は主権放棄の政治決着はできなかった。それは間違いない。田中角栄政権は倒れたかもしれない。なぜ、あのスクープは生かされなかったのだろうか。

新聞記者から公調情報マンへ

金東雲を語るために、金東雲と日本の情報組織の最初の接点、笠井の経歴から始めよう。

笠井は山梨県に生れた。旧日本軍の幹部候補生としてスタート、中国戦線に従軍した。現在の北朝鮮で終戦を迎え、四年間シベリアに抑留され、一九四九年に帰国した。翌年朝鮮戦争が勃発する。米国の指示で日本は警察予備隊（自衛隊の前身）を設ける。笠井は応募して第一期生に合格した。

「山梨県警の警察学校で最初の訓練がありましてね。僕は小隊長の仮辞令を受けました。ところがすぐ呼び出されて、もう帰ってもいいと言われた。理由を聞くと、自分の経歴を考えてみなさい、理由は山梨県警に行って聞けってんですよ。シベリア帰りが引っかかったのでしょう。シベリア帰りは公務員にもなかなかなれなかった。あのまま自衛隊にいたら、私の人生もだいぶ変わっていたでしょうね」

シベリア抑留中に共産主義に洗脳された者がいるという話は、子どもの頃私も聞いたことがある。笠井は地元の新聞社の記者になり、中央紙の広告営業所勤務のあとS紙の甲府支局で記者になった。

新聞社の地方支局というのは、いちおう担当はあるが、なんでもやらねばならない。自衛隊の音楽隊を招いて学校で演奏会をプロモートするという、事業部員のようなこともやった。山梨には陸上自衛隊北富士演習場がある。防衛問題は支局の仕事でウエイトを持っていた。かつての日本軍隊の経験もあり、防衛問題では若い記者が追いつけないほど活躍したようだ。笠井を知る人は、防衛問題の専門記者だった、と記憶している。

そのうち、公安調査庁にいた軍隊時代の先輩から、手伝わないかと声がかかった。一九六七年のことだ。ちょうど中国貿易が緒につきはじめ、日本の情報機関が中国、北朝鮮情報に目を向けはじめていた。

日本で国際情報にかかわるのは警察、自衛隊の他、公安調査庁〝公調〟と、内閣情報調査室（旧内閣調査室）〝内調〟がある。二つとも一九五二年に誕生している。朝鮮戦争が勃発し、米ソの冷戦が本格化したなかで設置された。公調は法務省の外局で、内調は総理府、今の内閣府にある。

公調・関東調査局第二部一課は朝鮮担当だった。笠井を呼んでくれた第二部長がダミー組織をつくったばかりで、そこに入った。

「〝公調〟ですといっても、相手に警戒されるでしょう。情報がとれないんですよ。民間組織の装いが必要だったんですね」

入ったときは「東アジア貿易通信」といい、後に社名が変わった。笠井はそこの職員という形だった。仕事は北朝鮮情報の収集だった。事務所は昔の国電有楽町駅の近くにあった。

「東ア貿易通信に入ったときには、佐藤はもう出入りしていたような記憶がある。佐藤には柳という上司がいましたね。これは有能な人だと言われていた。柳の代理みたいな形で出入りをはじめたのではなかったかな。最初は佐藤としか知らなかった。ほんとうですよ。その事務所にはＫＣＩＡだけでなく、米ＣＩＡも出入りしていた。鉢合わせしないように気配りしていました」

拉致事件直後から金東雲は韓国の情報機関であるＫＣＩＡ部員であるといわれてきた。私もそう書いてきた。しかし、国会答弁を通じて、日本政府は金東雲が情報部員であるかどうかはわからないといい、明言を避けた。明言すれば、韓国の政府機関による犯行であり主権侵害が確定する。主権侵害を認めたくない日本政府は金東雲がＫＣＩＡ部員であることはむろん、駐日韓国大使館にＫＣＩＡ部員がいるかどうかもわからない、調べられない、と明言を避け続けたのだ。

二〇〇七年、韓国国情院の「真実委」調査報告で、これら駐日情報部員にはＫＣＩＡ内部では「日本派遣官」という表現が使われていたことがはじめてわかった。真実委というのは、ＫＣＩＡの後身・国情院が独裁政権下で犯した自らの犯罪を質すために設置した組織である。最終章でくわしく書く。

情報機関員として日本に派遣された金東雲は、日本でいったい何をしていたのか、これまで皆目わからなかった。日本における情報活動の具体的な姿が、笠井の話から少しだけ浮かび上がってきた。金東雲という名前が肉付けされてきた。

ＫＣＩＡは一九六一年、朴正煕の「五・一六軍事クーデター」直後に設置された。全斗煥政権下で国家安全企画部と名前を変えた。独裁政権を支える秘密警察・暴力装置として韓国民から怖れられた。金大中は一九七一年の大統領選挙の演説で、「ＫＣＩＡは女を男に変えること以外はなんでもできる」と言い、その言葉はＫＣＩＡを語るときの常套語になった。民主化後、イメージを変えるため国家情報院と看板を書き換えている。

金東雲の妻は日本人？

これまで金東雲の素顔を知るものの証言はほとんどなかった。

金東雲は、一九二六年三月六日、韓国忠清南道で生れた。忠南のどこかはわからない。大正一五年、寅歳生れだ。私より一〇歳年長である。金大中を拉致した時、四七歳だったことになる。忠清道生れは、穏やかな性格の人が多いといわれる。韓国語の方言をサトリという。忠清道サトリはゆったりした話しぶりで、そのスローテンポさがジョークに使われるほどだ。彼がどんな生い立ちだったかは、手がかりさえつかめない。韓国中央情報部（ＫＣＩＡ）を創設した初代部長、金鍾泌は忠南・扶余出身だ。なにかつながりがあるのだろうか。

金東雲の名前はカバーネームだった。秘密警察、諜報員、スパイは、本名を名乗らず偽名、つまりカバーネームを使う。この事件でも、駐日韓国大使館にいたKCIAの工作員たちはカバーネームを使っていたものが多い。警察庁長官から金大中事件発生直前に内閣官房副長官に転身していた後藤田正晴は、「カバーネームだろう。金東雲なんて本名であるはずないじゃないか。そんな孫悟空みたいな名前があるか」と言っていた。

事件から二五年たって、金大中が大統領に就任する直前の一九九八年二月一九日付で、ソウルの東亜日報が、金大中事件の関係者の名前一覧をスクープした。

「金大中拉致・中情組織的犯行」「本紙、安企部極秘資料〝KT工作〟単独入手」「中情」は中央情報部、「安企部」は中央情報部の後身安全企画部、「KT」は金大中だ。ソウルではこの事件に関してははじめてのスクープだった。現在では金大中を「DJ」と呼ぶが、当時は米国情報機関が「KT」と呼んでいたので、合わせてKCIAでもKTと呼んだ。

この記事に「拉致事件参与中情要員」一覧表が付いている。名前、拉致事件当時の職位、拉致事件での任務が書いてある。事件から六年後の一九七九年三月に作成されたものだ。

KCIA関連者は総指揮者・李厚洛KCIA部長以下二五人。金大中を大阪港から釜山まで運んだ「龍金号」の乗組員二一人の合計四六人がリストアップされている。KCIA部員の九番目に「金炳賛（金東雲）・駐日大使館一等書記官・現場行動隊員」として金東雲が載っている。カバーネームと本名の両方を書いてあるのは金東雲だけだ（真実委の発表ではKCIAの事件関与者は二四人、龍金号船員は二〇人)。

　駐日大使館公使で拉致事件の駐日総責任者だった金在権は本名金基完しか載せていない。一覧表はハングルで、説明記事では漢字とハングルを並記している。金東雲の本名は金炳賛だろう。ここではカバーネームの金東雲と呼ぶことにする。

　東亜日報はホテルグランドパレス二二一〇号室から金大中を拉致した実行犯六人をはじめて特定した。現場総責任者の尹鎮遠(海外工作団長)、韓椿(駐日大使館一等書記官)、金東雲(同)、洪性採(同)、劉永福(横浜総領事館・二等書記官)、柳忠国(二等書記官)である。

　この一覧表から、韓国政府が関係者の〝口封じ〟のためにさまざまな手(アメ)を使ったことがわかる。船員には職の斡旋、仕事の資金提供。中央情報部員には「現職に対する意見」「どうして欲しいか」を書かせている。朴政権が倒れ、全斗煥が政権を握ってもまだこの口封じは続いている。政権としてやったというより、KCIAが自らのためにやったのだろう。

　金東雲は、「ポストを変えてほしい」と書いている。処置は「相応のポストにつけた」となっている。後章で書くが、金東雲は、政治決着の後、いったんは公務員の職を解かれ、一年後、ほとぼりが冷めた一九七六年には中央情報部第八局の海外工作団副団長に昇進していた。

　それは後の話で、日本・法務省入管の記録では、金東雲は事件から一〇年前の一九六三年一二月四日、新聞記者を偽装して金東雲の名前で初来日している。私たちが知りうる金東雲に関するもっとも古い記録だ。入管記録をたどると、

63・12・4　新聞記者として初入国
64・3・29　帰国
64・12・19　新聞記者として二度目の来日
65・3・7　帰国
65・6・3　新聞記者として三度目の来日
68・5・14　帰国
68・5・22　駐日韓国大使館二等書記官として来日

とある。

この記録に笠井の証言を重ねると、笠井が金東雲に最初に会ったのは、記者の肩書きでの三度目の来日の末期だったことになる。外交官としては二等書記官として入国し、二年たった七〇年一二月、一等書記官に昇任している。

「最初は二等書記官でしたね。その頃は車も持たず、あまりパッとせず、電車で行き来していた。一等書記官に昇格してから、人が変わったようで、羽振りがよくなり、偉くなった感じでした。外交ナンバーをつけたベンツでやってくるようになりました。接触するのは新宿でしたね。新宿東口でタクシー乗り場に車を置きっぱなしにするので、やばいぞ、と注意すると、『なに、警察がきても外交ナンバーだから平気だ』と言ってました。彼の車に同乗して金東雲の住居の近くを通ったとき、あそこが自宅だと聞いたことがある」

韓国人はベンツが好きだ。

拉致事件から五年たった一九七八年、毎日新聞東京社会部で事件再検証を行ない新聞に連載した。後に『金大中事件全貌』として出版した。ソウル特派員を終えて大阪本社に戻っていた私も『全貌』取材チームに参加した。ソウルから持って帰った情報、資料を提供した。

ソウルを離れるとき、金大中が世界に向けた最後のメッセージを持っているという疑いをかけられ、金浦空港であわや逮捕されそうになった。李姫鎬夫人が直前に連絡してくれ、日本大使館員に守られ日本航空機に逃げ込み逮捕は免れた。だが、荷物はばらばらにひっくり返され、金大中関連のメモ帳、写真類は全部没収された。手荷物で持って帰ったメモ類だけは助かった。真実委は『金大中事件全貌』を金大中事件についての基本資料の一つとしている。

このとき金東雲の足跡を追った取材では、金東雲は初来日したとき「日刊スポーツ新聞社・日曜新聞社東京特派員」という名刺を持っていた。同名の日本のスポーツ紙「日刊スポーツ新聞社」を訪ねた。その後、ビザの書き換えなどで助けてもらっている。

その前年、一九六二年秋、韓国新聞発行人協会副理事長・尹甲寿と名乗る男が日刊スポーツ新聞にやってきて、「東京オリンピックに特派員を寄こすのでよろしく」と言って帰った。その特派員というのが金東雲だったわけだ。ちょっと妙な話だが、金東雲の出入国記録をみると、肝心の東京オリンピックが開かれた六四年一〇月一〇日から二四日の間、金東雲は日本にはいなかった。新聞記者は偽装だったから、東京オリンピックを取材するはずもなかった。妙な話でもなんでもない。

金大中拉致事件で現場に指紋を残した金東雲は、事件直後あたふたと離日した。最後に住んでいたのは東京都渋谷区神宮前五丁目の木造二軒長屋形式のマンションだった。二階建てで、一階がダイニングキッチンと四畳半の和室、二階は六畳、四畳。家族は妻（四六歳）と二男（中二、一五歳）、三男（小六、一一歳）、お手伝いの少女という構成だった。長男は米国に留学していたという。年齢はわからない。妻が、二男の顔にアザがあり不憫だと話していたという情報もあった。

木造住宅の女性オーナーは次のように話している。

「（九月初め日本政府が金東雲の任意出頭を求め）新聞に出た時には、金東雲さんも奥さんももういなくなっていました。子どもとお手伝いさんだけでした。うちには四年間くらいいた。金東雲という名前で契約していた。最初は新聞社に勤めているようなことをいっていましたが、大使館の車じゃないでしょうか、青いプレートの、クリーム色のベンツが迎えにきていました」

二等書記官として来日して間もなく、神宮前のマンションに入ったのだろう。どの新聞にも、金東雲は日本語に堪能だったとある。日刊スポーツの総務部員も日本語は流暢で訛りはなかったといっている。金東雲は一九二六年生れだから、日本植民地下で日本語教育を受けているはずだ。あの世代は日本語に堪能な人が多かった。終戦（韓国の光復・独立）

時、小学校五年生以上だった人は、だいたい日本語ができる。それ以下はまったくできない。日本国民が日本政府・公的機関から金東雲について知らされていたのは、ほんのわずかだった。捜査本部から提供された写真の撮影年月日もわからない。いかつい顔写真だけで、素顔はまったくわからなかった。当時の国会答弁を読み返しても、金東雲の経歴はほとんど語られていない。

笠井に記憶をたどってもらった。

身長は笠井より少し高かった。一六五センチくらいだったろう。がっちりした体格だった。美男子顔ではなく、ああ、韓国人だな、とすぐわかる顔だった。

「日本語に堪能だったというのは間違いですね。日本語は下手だった。短いセンテンスの言葉ならともかく、まとまった話はだめでした。だから張込み、聞き込みは自分でできないので頼んできたんですよ。佐藤の家に電話すると、彼がいないときは奥さんが電話口に出てきました。この奥さんの日本語は、流暢そのものでしてね。次に会ったとき、『奥さん、日本語上手だね』というと、『家内は（福島だか宮城だか）東北生れだ』とぽろっとしゃべりましたね。私の家内も東北生れだったので、なるほど佐藤の奥さんの言葉には東北の訛りがあるな、と思った記憶があります。日本生れの韓国人だったかもしれないが、僕は金東雲の話から、ずっと金東雲の奥さんは日本人だったと思っていました。金東雲の日本語にも東北訛りがありましたからね。佐藤という日本名は奥さんの名字だったんですよ。東北には佐藤姓が多いから。符合しますね。奥さんはＰＴＡの役員もしていたはずです」

金東雲の妻が日本人女性だったかもしれないという。これまで三〇年余の取材ではじめての情報だった。

私は笠井に会った翌日、拉致事件当時の警視庁幹部Ａに電話した。Ａは「金東雲の妻が日本人女性？　いえ、聞いていませんね」と言った。Ａは、笠井の名前も知らないと言った。そんなはずはない。捜査本部は事件後、笠井から長時間事情を聴いている。「笠井を調べたという報告は上ってこなかった」。調べていないとは言ってない。公安的表現だ。

拉致事件当時、金東雲が四七歳、妻が四六歳だったことになる。逆算すると一九四五年の終戦時、金東雲は一九歳、妻は一八歳だった。東北出身の日本人女性がどういういきさつで韓国・忠清南道生れの金東雲と結婚したのだろうか。想像は広がるが、笠井は金東雲から結婚の経緯は聞いた記憶がない。

笠井は金東雲との付き合いについて断片的にしか語らないが、笠井と金東雲との間の情報のやりとりはこんなだった。

「金東雲は北朝鮮情報を欲しがった。北朝鮮帰還船の最後から一つ前の便が出るとき、北に帰る人と一緒に舞鶴港まで行ったことがある。危険を冒して、船内まで入り、船の中の様子や北帰者がどんなものを持って帰るかなどを調べた。金東雲はどんな種類の機械を持って帰国しようとしていたかなどをしつこく訊いた。こんなこともあった。Ｍ大学の電気関係の教授が北朝鮮に行った。出発前にご馳走して、帰国後北の話を取材したのだが、金東雲は北の電気配線の直径を知りたがったことを覚えている。電線の径からいろんなことが割り出されると言っていたね」

一九五九年十二月に始まった在日朝鮮人の北朝鮮帰還事業は、一九八四年まで続き、日本人妻を含め九万三千余人が舞鶴から北朝鮮に送られた。

「佐藤、どうしているのかなあ。まだ生きているとすれば、一度会ってみたい気がする」

日韓の諜報機関員が東京を舞台に、北朝鮮情報を交換していた様子が生き生きと浮かび上がってきた。

坪山晃三と金東雲の出会い

金東雲の素顔を知る二人目は坪山晃三である。

彼は年号をすべて昭和、平成でいう。ここでは西暦に直して書く。坪山は一九三四年生れ、宇都宮大を卒業し、五七年自衛隊に入隊した。第二〇普通科連隊に所属する。六二年八月東部方面調査隊宇都宮派遣隊、六四年東部方面調査隊本部、七一年幕僚監部第二部に勤務して、七三年六月三〇日退職した。退職時は三等陸佐だった。同七月一日「ミリオン資料サービス」設立、社長となり現在にいたる。

小柄、筋肉質、若いときから登山を趣味としてきた。登山の会を主宰して、会報を出している。この登山が金大中事件とも係わっているからおもしろい。

「ミリオン資料サービス」が自衛隊のダミー会社ではないかという疑いが当時からあったが、坪山は「父親が病気で、転勤したくなかったんです。自衛隊では偉くなるためには一度北海道を経験しなければならないという不文律というか伝統がありました。北海道行きが厭だった。進級が遅れて止めたという噂もあったが、三佐というのは、決して出世は遅くはなかったと思いますよ。翌年には二佐になる内示ももらっていたから」

自衛隊退職のいきさつを説明し、自衛隊のダミー会社設立説を否定する。ただ、金東雲から の金大中監視の依頼をうけたことが自衛隊を辞める踏ん切りをつけ、「ミリオン資料サービス」設立の際、〝背中を押した〟かもしれない、と坪山はほのめかしている。

「幕僚監部第二部」は自衛隊の情報部門の柱である。「調査隊」「資料隊」は二部を補助するような役割といってよい。

「昭和の四〇年代にはいって、自衛隊内で『韓国中央情報部・KCIAを通じて北朝鮮情報を取れないか』という話が出ましてね。三人が選ばれた。私は元来は中国が専門だったが、その北朝鮮情報要員の一人に選抜され、KCIAルートを開拓せよと指示を受けました。調査隊本来の任務とは別の仕事として選ばれたといってよいでしょう」

北朝鮮については韓国が一番くわしいはずだ。韓国で北の情報を担当しているのはKCIAである。KCIAにルートをつくって北朝鮮情報をとろう、という作戦だった。ネライはわかるが、ルートはなかなか簡単には開拓できなかった。坪山は苦慮した。

そんな頃、一九六九年の話だが、坪山は、笠井清に会った。「ＫＣＩＡのルート開拓で弱っている」とぼやいた。二人は笠井がまだ全国紙Ｓ紙の記者時代からの知り合いだった。

笠井はすでに公安調査庁のダミー会社「東アジア貿易通信」に入社していた。ＫＣＩＡの日本派遣工作員たちと接触、佐藤（金東雲）を知っていた。笠井は坪山に「こんな人がいるよ」と金東雲の話をした。坪山は「是非紹介してよ」と頼み、三人が会って金東雲を紹介されたのは、新宿のどこか、あらたまったところではなく、ちょっとした食堂だったという記憶がある。もちろん、笠井も坪山も、佐藤・金東雲がＫＣＩＡの部員で駐日韓国大使館書記官の肩書きを持った工作員であることは承知の上だった。承知だからこそ紹介し、紹介されたのだ。

「金大中拉致事件の直前、私立探偵社を訪ねてきた〝佐藤〟を名乗る男が、連絡先も言わずに金大中氏の張込みを依頼してきた」という日本政府の国会答弁は、とんでもない嘘だったということだ。公調のダミー会社にいた笠井清は拉致事件発生の六年前から、笠井から紹介された坪山晃三は事件の四年前から金東雲を熟知していたのだ。

金東雲、金大中の見張りをまず〝公調〟に依頼

金東雲が金大中の見張り、尾行を依頼した時期は、笠井と坪山でちょっと食い違う。なにしろ三七年前の話だ。二人の話を並記する。

笠井によると、金東雲が公安調査庁のダミー会社「東アジア貿易通信」にいた笠井に、金大中工作への協力を求めてきたのは、七三年三月だったという。

「韓国政府をひっくり返そうとして、亡命して日本と米国を行ったりきたりしている韓国の野党の大物がいる。今度日本に戻ってきたら報せるから、羽田から尾行して、張込みをして欲しい。どんな人と接触しているか、何処に泊まるか、資金源は誰か、調べて欲しい。一週間から一〇日ほどの仕事だ。金はいくらでも出す」

金東雲はまだこの時点では「金大中」の名前は出さなかった。金大中はこの頃、日本ではまだほとんど知られていなかった。

笠井は上司に報告した。上司は公安調査庁に伺いを立てた。

「もし発覚すると、〝公調〟全体にかかわり、政治問題になれば大変なことになる」という判断が戻ってきて、断ろうということになった。

笠井は、いい仕事だと思ったから、休職して個人でやろうかな、と考えたが、「個人でやっても、〝公調〟がやらせているととられたら弁明ができない」と上司から止められた。

「金大中拉致事件で、金東雲が表に出て大騒ぎになったとき、あのとき受けていたら、大変なことになったたな、受けなくてよかった、と言って事務所で上司と一緒に胸をなで下ろしましたよ。事情を知っている友人から『よく生きておれたたな。消されるんではないかと心配した』と真剣な顔で言われたこともある」

笠井と〝公調〟に断られた金東雲は「困った、困った」と頭を抱え込んでいた。金東雲は日本語が上手ではないから、自分で張込み、尾行は無理だった。

ちょうどそのころ、自衛隊の陸幕第二部に移っていた坪山が、自衛隊を辞めて興信所を設立しようという計画を話していたことを思い出した。

「金はいくらでも出すと言うから、いい仕事始めになるだろうと思いましてね」、笠井は金東雲の依頼を坪山につないだ。笠井が金大中事件とかかわったのはここまでだった、という。

金東雲が笠井に「韓国野党の大物」の尾行、張込みを依頼したのが、三月下旬だとするとおもしろいことに符合する。

李厚洛の過剰忠誠にぴったり

一九七三年三月八日、ソウルで朴正熙政権の中核にいた首都警備司令官尹必鏞少将が身柄を拘束された。金大中拉致のちょうど五ヶ月前だ。この尹必鏞事件は今でもナゾに包まれている。

尹必鏞は五・一六軍事クーデター以来、朴正熙の忠実な側近の一人で、軍の最高実力者だった。金大中亡命のきっかけとなった一九七二年一〇月の「一〇月維新」では首都ソウルに戒厳令を敷き、維新成功の功績者とされた。その男の逮捕は韓国社会に衝撃を与えた。

尹必鏞の身柄拘束は私のソウル赴任の日で、二日後に新聞社の幹部から耳打ちされた。記事にしたのは一ヶ月以上先のことだ。

政権中枢にかかわるこの事件を記事にすることは危なくて、追放される恐れがあった。駐韓日本大使館の政務担当や武官から何度も「用心しろよ」と言われた。ソウルは危険一杯だった。ソウルの地元紙は軍法会議で判決が出て、公式に発表されるまで書けなかった。もちろん韓国人記者は知っていたが、書けば逮捕されただろう。

朴正煕の独裁を後日検証してみると、この尹必鏞事件が朴政権の「終りの始まり」だった。その時点で朴政権を支えていたのは、軍・尹必鏞、独裁の暴力装置であるKCIA部長・李厚洛、大統領を直接守る大統領警護室長・朴鐘圭、政府の要である首相・金鍾泌の四人だった。四本柱は尹必鏞を皮切りに、李厚洛、朴鐘圭、金鍾泌と一九七五年一二月までにこの順番で切られた。丸裸になった朴正煕は六年後、側近のKCIA部長・金載圭に射殺されてしまう。独裁のセオリー「一本石化」通りの進行だった。独裁政権は「成長」する。まず複数政党から一党独裁になり、最高指導者は競争相手になりうる者を切って一人独裁になる。この一本石化(monolith)の果に暴政化した独裁者は倒れる。

尹必鏞事件で、実力者の一人KCIA部長・李厚洛も危うく連座するところだった、といわれた。尹必鏞が「朴正煕大統領もお歳だから後継者について考えなくてならない。兄さん(李厚洛)、あなたが後継者にふさわしいのではないか」と李厚洛に話した内容が朴正煕に筒抜けになった、とソウルではもっぱらの噂だった。独裁政権下では噂はほとんど真実だった。

李厚洛は朴正煕の前で土下座して忠誠を誓って、かろうじてクビがつながったといわれる。

朴正煕は後に「彼奴（李厚洛）、頭がよく、回転がはやいので俺が重用したのだが、やれとも言ってないことをしでかして、俺を世界の恥さらしにしてくれた」と朝鮮日報主筆の鮮于輝に不快げに話している。鮮于輝が「しかし、彼も忠誠心からでしょうが」と言うと、朴正煕は「それが、過剰忠誠というやつだ」と吐き捨てた。鮮于輝の実弟で青瓦台の広報担当秘書官だった鮮于煉が日記に書いている。

その鮮于輝が私に「丁一権（日本の陸士五五期、朝鮮戦争の陸軍参謀総長）は首相、国会議長と政界トップで生き続けている。なぜかわかるか」と言ったことがある。「丁一権は二人だけでは人と会わない。何を話したかを次の朝青瓦台（朴正煕）に報告する者をかならず同席させる。朴さんは安心する」。

朴正煕と鮮于輝の会話から推して、李厚洛が朴正煕の点数を稼ぐために、最大の政敵金大中を〝始末〟しようとしたという見方の、一つの有力な証拠になる。韓国では金大中事件についての疑問のうち、朴正煕が犯行を指示したかどうかが一番のナゾとされている。

三月に金東雲が笠井に金大中の身辺調査を依頼したという証言は、過剰忠誠に動いた李厚洛の動機とぴったり平仄《ひょうそく》が合う。もちろん、朴正煕が金大中除去を李厚洛に指示したという有力な説もあり、真実委報告は決定的な証拠はないが朴正煕の指示、あるいは暗黙の承認説をとっている（巻末資料「真実委報告書」一六五頁参照）。

金大中来日、事件の幕開く

坪山の記憶では、笠井から「佐藤が韓国の政治家がらみの仕事を頼みたがっているよ」という連絡を受けたのは、二、三ヶ月後、いやもっと後だったかな、という。自衛隊を辞職して「ミリオン資料サービス」設立の直前だったようだという。

金大中が米国から日本に戻ったのは一九七三年七月一〇日だ。笠井から二度か三度の電話をもらって、坪山が直接金東雲と〝仕事〟の打合せをしたのは、金東雲がソウルに日帰りで往復して尹工作団長と一緒に日本に戻り、拉致計画が最終段階にはいった翌七月二二日だった。羽田空港で会って張込みなどの手はずを決めた。坪山は当時のメモでこの日時を確認した。

坪山はその年六月末日で自衛隊を退職、七月一日に飯田橋に事務所を開いたばかりだった。この部屋は知り合いから又貸ししてもらった。元の借り主は警視庁外事課員だった。朝鮮担当ではなく、企業、右翼担当だった。

「ミリオン資料サービス」の事務所は現在、八重洲にあるが、設立当初は国電中央線の飯田橋駅の道をへだてて向かい側、久保ビルの二階にあった。当時の飯田橋駅界隈は製本屋や印刷所が多く、久保ビルの古くて狭い階段を上った奥に事務所があった。部屋のドアに「ミリオン資料サービス」と書いてあるだけで、表に看板もないし、電話帳にも載っておらず、番号案内に尋ねてもわからなかった。後に朝日新聞は「捜査本部の見方」として「組織（ＫＣＩＡ）から組織（自衛隊）に依頼するということは考えられない」、「どこかのパーティで坪山さんが金東雲と知り合っていたことも考えられる」とのんびりしたことを書いている。まさか韓国ＫＣＩＡと日本の情報組織がそこまで深くつながっているなどと、当時の記者は想像もできなかったのだ。

金東雲の素顔を知る第三の男、江村菊男三曹は、自衛隊に籍は残っていたが、一足早く所員として七月には「ミリオン資料サービス」の事務所で働いていた。退職前の職探し期間として認められていたようだ。二人の他に、事務所にはいつも数人の若い自衛隊員がごろごろしていた。ちょくちょく〝探偵仕事〟の手伝いを頼んだ。

江村が初めて金東雲に会ったのは、七月二二日、羽田だった。

江村は一九三三年新潟県生れ、一九五五年自衛隊に入った。一九六二年東部方面調査隊勤務となり、以後は情報一本で過ごし、一九七三年八月一日、一階級昇進して二曹で退職した。現在は新宿のビル管理会社の会長である。自衛隊退職前から坪山の「ミリオン資料サービス」で働いていたから、拉致事件当時、自衛隊とＫＣＩＡの関係疑惑で問題になった。

「当時自衛隊は五〇歳定年制でした。子どもは小さいから、将来のことを考えて坪山さんの仕事に乗ることにしたんですよ。自衛隊の給料は安かったですからね。ＫＣＩＡとも金東雲とも直接は関係はありません」と言う説明はすんなり聞ける。

江村の語る金東雲像は「その辺を歩いている普通の会社員、係長か部長かなという感じ。おとなしそうだった。最後に本性を現わしましたがね」

七月一〇日、金大中が米国から日本に戻ってきた。拉致事件の幕が開いた。

ソウルのKCIA本部は、同日電報で東京に派遣していた工作員・駐日派遣官に「KT（金大中）滞日中の動向監視に徹底を期すよう」厳命をくだした。電文は暗号で組んであり、これを平の文章に直したものが工作員に渡された。

指令電文を読むと、それまでの一般的な動向報告とは違って、駐日派遣官を総動員して金大中が滞在可能なホテルを対象にした拉致実行のための監視活動に入るよう指示している。毎日〝正午締め切り〟午後三時までにソウルのKCIA本部必着で報告せよ、と細かい指示をしている。新聞社同様、締め切り時間を設定しているところがなんともおもしろい。坪山は金東雲から何度もこの締め切り時間のことを聞かされた。

ソウルのKCIA本部は、駐日韓国大使館公使で日本に派遣されたKCIAの最高責任者だった金在権（本名金基完）に拉致計画の立案を指示した。金在権は日本の事情に詳しい金東雲に計画案作成を命じた。金東雲は初来日から九年七ヶ月たっていた。日本に派遣されたKCIAの工作員のなかでは一番の日本通ということになっていた。

金東雲は作成した「計画案」を一九日、パウチ・外交郵袋でソウルのKCIA本部に送り、二一日、日帰りでソウルに戻った。KCIA第八局（海外工作担当）で説明した。

国情院の金大中事件調査報告によると、この「計画案」は残っていない。金東雲の国家情報院での証言では、ヤクザを使う計画案だった。「日本では無理だ」とKCIA次長補・李哲熙が反対した。駐日工作員を動員して拉致することに変更された。

最終計画を持ってソウルから日帰りした金東雲に、第八局の工作団長・尹鎮遠が同行して東京に入る。以後、日本での拉致作戦の指揮は尹鎮遠がとった。

前に書いたように、翌七月二二日、金東雲は羽田空港の喫茶店で坪山と江村に会った。緊張した面持ちでソウルの指示を伝えた。

「米国から再来日した金大中が八月九日に自民党AA研（アジア・アフリカ研究会）の人と会う。さらに一五日（日本の敗戦記念日は韓国の光復節・独立記念日）には日比谷公園で韓民統日本支部結成大会を開く。ソウルのKCIA本部から、この二つはかならず阻止せよと指示されている。金大中は東京都内のホテルを転々としており、居所も動きもつかめない。まず居所を確認してくれ」と言った。

離れた席にKCIA工作員が四、五人いた。金東雲は「あれがソウルから一緒に来た工作団長の尹だ」と指さした。

「引き受けたんですがね、金東雲が持ってくる情報はいい加減なものばかりで、金大中の居所はなかなかつかめませんでした」

「米国から韓国の大物が来日する。金大中はかならず空港まで出迎える」、という情報で、坪山、江村二人は、七月二三日羽田へ出たが、空振りだった。この大物は張勉内閣の国連大使・金昌栄で、米国に亡命中で、八月一五日の日比谷集会に出席するための来日だった。金昌栄は三日も前、七月二〇日、すでに日本に入っていた。一〇月九日の国会で野党が追いつめるが、警備局長山本鎮彦は「二人（坪山、江村）はたまたま別の仕事で羽田にいた」と虚言で逃げている。

原田マンション張込み

この日、坪山ら二人は帰りに都心まで乗った個人タクシー運転手と知り合う。七月二五、七、八日と三日間、金大中事務所のあった新宿区の原田マンションに張込んだ際にこの個人タクシーを使った。このタクシー運転手の証言から張込みの実体が確認できている。

「最初の二日は二人だったが、最後は三人になった。三人目の人は、話具合から、一番中心の感じがした。日当は半日で一万円だった」（『金大中事件全貌』）

坪山、江村の二人ではなく三人いたのだ。政府は、自衛隊の関与を否定するため、張込みは坪山、江村両人だけだったと頑強に言い続けた。江村菊男三曹は退職を数日後にひかえた就職活動だったから問題なしとした。坪山証言では、実際には坪山、江村の他にもう一人現職の自衛隊員が張込みに加わっていた。個人タクシー運転手の証言と合う。この第三の隊員は、事件後、関西の部隊に〝飛ばされ〟た。

この頃、坪山は金東雲と毎日会って情報交換をしていた。新宿の、今はなくなった「ハワイ」という喫茶店が接触場所につかわれた。原田マンションの張込みからはじまって、坪山証言と金東雲がソウルのKCIA本部に打った電報を重ね合わせると、金大中拉致チームの動きはリアリティを帯びてくる。

◆電報・東京派遣工作員→ソウルKCIA本部・七三年七月二七日

KT（金大中）の居所である原田マンション八〇九号室に対する七・二五～二六日間の張込みの結果、昼間は三〇歳台の女性と二〇歳台の男子がいることを確認。この女性は八〇九号室に起居しているところから判断して、金〇〇の妹と確認。七月二五日協力者が電話で確認した結果、同マンションで寝ているものとみられ、引き続き監視している。

原田マンションは金大中の滞日中の支援者の一人原田重雄所有の一二階建てビルで、山手線の高田馬場駅のすぐ近くにあった。ソウルから帰任したあと、私は原田を訪ね、金大中が使っていた部屋を見せてもらった。

「金〇〇」は、金大中の故郷である全羅南道荷衣島の小学校で同級だった金鍾忠・日本名沼田のことだろう。「協力者」はもちろん坪山、江村である。

この張込みで、坪山は何度か原田マンションに新聞勧誘員を装って訪問したり、電話を入れたりしたが、金東雲の電報のような金鍾忠の妹云々という内容をつかんだ記憶はない。電文は、東京での仕事を誇張したり作文した部分が多分にあったのかもしれないという。政府の国会答弁では、坪山らと金東雲との契約は、原田マンション張込みまでで解除されたことになっている。これも嘘だ。坪山証言によると、金大中の居所はなかなか確定できず、金東雲は坪山に工作続行を依頼し続けた。むしろこれからが本番だった。

銀座第一ホテルの拉致計画

原田マンション張込みに失敗した金東雲は、新しい提案をしてきた。

ＫＣＩＡ駐日派遣官は金大中亡命いらい、日米での金大中の行動を逐一報告していた。誰と会ったか、どこで講演したか、誰とインタビューしたか。金大中とインタビューした日本人ジャーナリストが三人いる。毎日と朝日の記者と内外タイムス記者Ｉだ。Ｉ記者は一九七三年三月二三日、金大中とインタビューし、このとき金大中は「北韓はパンはあるが自由がない。韓国はパンも自由もない」と語ったと報告している。金東雲の提案はＩ記者をつかって金大中をおびき出そうという計画だった。

「Ｉ記者と私が知り合いだったのに目を付けたのでしょうね。インタビューさせろと執拗に言ってきました。Ｉ記者にはある程度事情は話してインタビューをやってもらうことにしました」。インタビューは銀座第一ホテルで行なうことにしたが、ＫＣＩＡの電文にこの計画がばっちり残っている。

銀座第一ホテルでのインタビューが行なわれる二日前、ＫＣＩＡは金大中を捕捉しかけて失敗している。この失敗でＫＣＩＡは坪山に依頼した金大中・Ｉ記者のインタビューへの期待がさらにふくらんだ様子が前後の電文からうかがえる。

◆電文・東京派遣工作員↓ソウルＫＣＩＡ本部・七三年七月三一日

七月三〇日午後七時、協力者〇〇〇から、新宿区新宿の韓定食店でＫＴ（金大中）と二人が食事をしているという偶然の情報があり、尹団長と工作員〇〇〇など六名が直ちに現場にかけつけたが、ＫＴはすでに同飲食店から行方をくらませていた。

◆電文・東京派遣工作員↓ソウルＫＣＩＡ本部・七三年八月一日

金東雲は協力者を操縦し、〇〇〇新聞〇〇〇とＫＴ（金大中）接触後、某所に移動、酒席を催す予定であり、機会をみて指示事項（拉致）を履行の予定。

七月三一日に韓定食店に金大中がいると通報した「協力者〇〇〇」は不明だ。八月一日の「協力者」は坪山である。「内外タイムスＩ記者」と金大中とのインタビュー工作が明記されている。

この電文は国家情報院の調査報告書の末尾にわざわざ電文のコピーを添付してあり、国家情報院が重視していることがわかる。電文のコピーを直訳する。

◆日時：01・17：40
受信：部長
発信：駐日派遣官

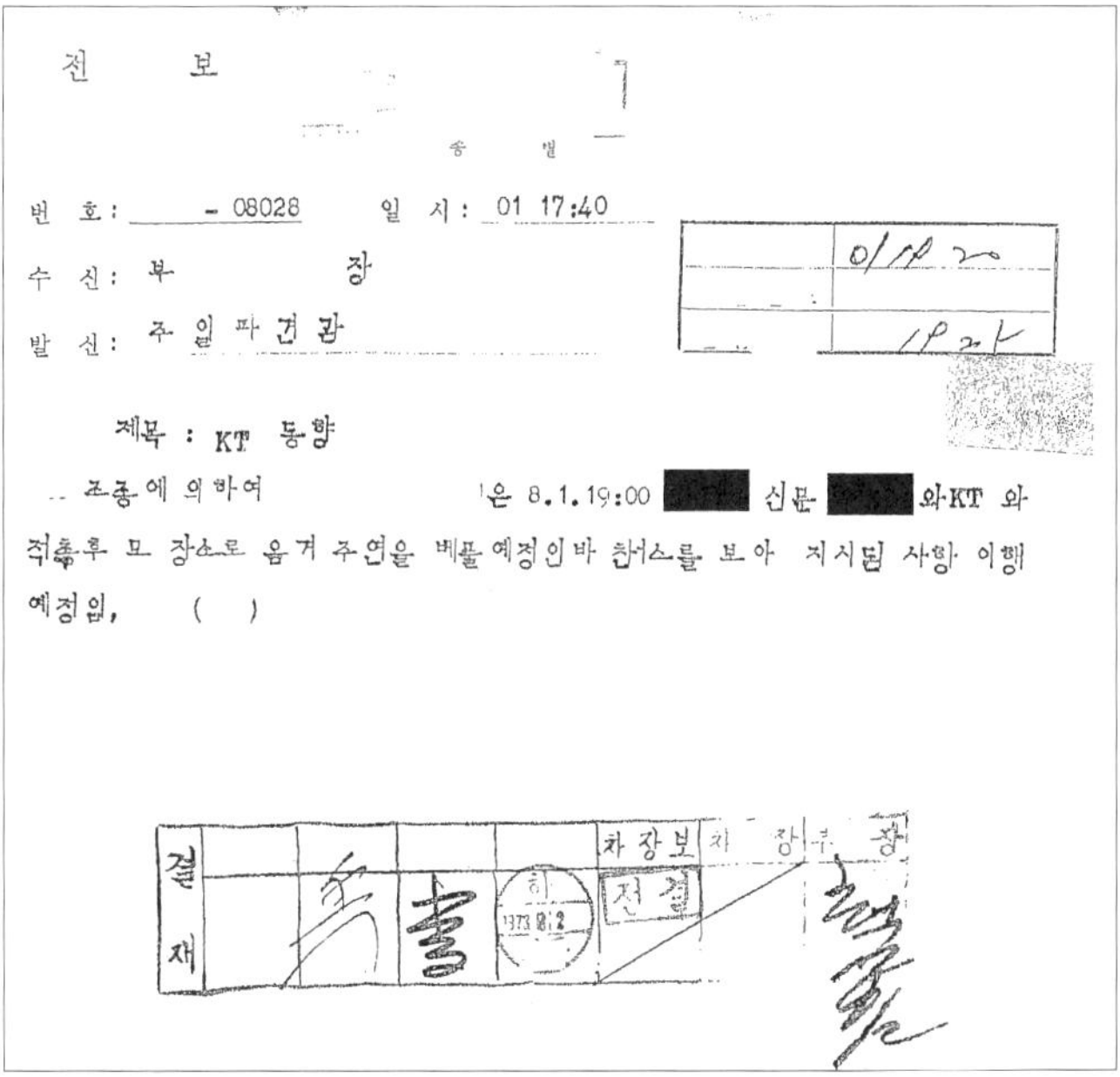
전 보

송 별

번 호: -08028 일 시: 01 17:40

수 신: 부 장

발 신: 주 일 파 견 관

제목 : KT 동향

.. 조종에 의하여 은 8.1.19:00 [redacted] 신문 [redacted] 와KT 와 접촉후 모 장소로 옮겨 주연을 베풀 예정인바 챤스를 보아 지시된 사항 이행 예정임, ( )

결재 차장보 차 장 부 장 전결 1973 8.2

電文のコピー。右下のサインは次長補・李哲熙

題目：KT動向

　操縦によって（　）は8・1、19：00（　）新聞（　）とKTと接触後某所に移し酒席を設ける予定で、チャンスをみて指示された事項履行予定。

となっている。（　）内は墨で塗りつぶしてある。

　一連の電文の「決裁欄」には部長、次長補、第八局長のワクがあり、次長補のワクには「専決」の判が捺され、部長のワクに李哲熙のサインがある。李哲熙が計画を仕切っていたことがわかる。

◆電文・東京派遣官→ソウルKCIA本部。七三年八月二日

○○○（※金東雲）操縦により

協力者が8・1、19：00～23：20の間KTと接触した際聞き出した（得聞）事項
○八月中旬米国に出国、ライシャワー教授の紹介でハーバード大学に聴講生として入学
○自分が場所をしばしば移動しているのは、人に会うためでKCIAに尾行されているようなことはない
○KT（金大中）の健康状態は大変よくないようで、足はびっこを引いている
○KTの警戒心は緩和されているようで、協力者をある程度信じているような素振りだった
☆協力者をしてKTに同調するなど偽装して絶えず接近するよう操縦し今回の工作に有利な場所にKTを誘い出す。

銀座第一ホテル工作にはもちろん江村も加わっている。金東雲はインタビュー工作に使った銀座第一ホテルをしばしば利用していた。笠井も同様の証言をしている。

このとき金東雲は妙な要求を持ち出してきた。

銀座第一ホテルは、今はもうなくなり別のホテルが建っているが、一階から二階にエスカレーターで上がるようになっていた。金東雲は「I記者はあらかじめ二階で待っていて、金大中がエスカレーターで二階に上がってきたところで握手させて欲しい」と注文してきた。

「なぜあんなヘンなことを言い出したのかな。それまで空振りばかりだったので、ほんとうに私がちゃんとやっているか、証拠を他のKCIA工作員に見せたかったのでしょうかね。エ

スカレーターを降りた金大中と待っていたI記者が握手するのを、階段のかげで何人ものKCIA工作員がじっと見ていました」

「昼を過ぎたところで、遅い昼ご飯を二人が食べた記憶がある」

電文では妙なことに、インタビューの行なわれた日付と時間がずれている。

坪山は記憶を手繰り当時のメモを探し、I記者に問い合わせて、インタビューの行なわれたのは八月二日であると確認した。この電文の日時のずれが気になっていたが、最終章で書くように、国情院の真実委委員長の話から、金東雲の〝いい加減さ〟を繰り返し聞かされようやく納得がいった。

I記者が金大中にインタビューしたのは午後一時から二時までの一時間だった。二日、インタビューが終わり、夜に入って新宿のいつもの接触場所である喫茶店「ハワイ」で坪山と金東雲は会った。

事前の約束では、インタビューの後、坪山は金大中を尾行してくれといわれていたが、坪山は尾行しなかった。

「I記者との友誼のうえからも、尾行はできなかった。それに私が尾行しなくても、彼らがやるでしょうし、事実彼らは金大中を尾行しました」。KCIAはやっとのことで金大中を〝捕まえ〟たのだ。

喫茶「ハワイ」で金東雲は坪山が金大中を尾行しなかったことを難詰した。そこで坪山は

「これまで調査がうまくいかなかったのは、韓国側の情報が不正確だったからだ。この件から手を引きたい」と調査打ち切りを申し出た。

金東雲は激高した。

「最高の国家機密を話したのに、今更降りるとはどういうことか」と語気を強めた。席を伊勢丹百貨店近くの焼肉店にかえ深夜まで話を続けた。その時、金東雲は黙ってテーブルの上に小切手を置いた。ゼロが七つ並んでいた。二千万円だった。

「いったい、なんの金だ」

「自動車を買ってください。尾行などの役に立つでしょう。次に今日のようなチャンスがあったら金大中を乗せて、こちらが指示する場所まで運んで欲しい。後はこちらの車に移しますから」

びっくりした坪山が「それは拉致するということか」と問い質すと、金東雲は「まあ、そういうことになりますか」と言った。坪山は「日本ではそういうことはできない」と断わり、小切手は受け取らなかった、という。「それに車はすでに持っていましたからね」。

金東雲は「拉致」という言葉ははっきりとは使わなかったが、意味するところは拉致だった。坪山は、この仕事もここまでだと腹を括った。費用は途中で一度金を支払ってもらっていたが、残りは明日会って精算しようとその晩は別れた。この小切手には後日談がある。広島県警にいたことのある人から「警察のなかには、あなたがその金を受け取ったという見方もある」と話したという。『自衛隊「影の部隊」情報戦秘録』（松本重夫著）では、金東雲が亡命のためカラ領収書作りに使ったのではないかと推測している。後で書くように金東雲は亡命はしていない。坪山の元上司の陸幕第二部長だった塚本勝一は、坪山の話をもとに回想記で、坪山は小切手を受け取らなかった、と書いている（『自衛隊の情報戦――陸幕第二部長の回想』）。

翌日、八月三日は午前中、新宿で会った。金東雲の運転する車に同乗して前日の話の続きをした。金曜日だったが、街は雑踏して、暑かった記憶がある。東京はこの日は快晴で、最低気温は二七度、正午過ぎには三四度まで上がった。

「この仕事から降りさせてもらうという昨日の話の続きというか、確認でした。ふと気付くと、運転席と私の座った助手席の間にハンカチをかぶせたものが置いてある。よく見るとピストルだった」

『あなたは私を脅すつもりか』と問い詰めると、金東雲は『われわれの組織にいるものはピストルを持っているものだ』と言い繕ろいましたね」

「これは危ない、このまま韓国大使館に連れ込まれたらタイヘンなことになる、と直感しました。停車させ、車から降りた。あきらめたのでしょう、そのまま走り去りました。金東雲にはそれから一度も会っていません」

五日後、金大中はホテルグランドパレスから拉致された。

金東雲から電話は何度かかかってきたが、話はしなかった。ＫＣＩＡが、八月九日に予定されていた金大中のＡＡ研面談を絶対阻止せよと命じていたことを知っていたから、何か起きるだろうと胸騒ぎはしていた。

この日、坪山と江村は国鉄中野駅前の焼鳥屋でちょっと早い夕方の一杯をはじめたところだった。焼鳥屋の店内にあったテレビに「金大中氏がホテルグランドパレスから拉致された」とニュース速報が流れた。

「やった！」「やっぱり！」二人は同時に叫んだ。

金東雲は事件後、あわただしく日本を離れ、直接ソウルに戻ると怪しまれると香港経由で帰国している。おそらくそのときだろうが、金東雲は香港から坪山の自宅に電話をしてきた。坪山が不在で家人が応対した。

第二のスクープ

坪山、捜査本部ですべてを語る

警視庁外事二課のSに泣きつかれる

一九七三年八月八日、金大中が拉致された直後、警視庁公安部外事二課員Sから坪山に電話がかかってきた。

「坪さん、なんとかしてくれよ。オレ、やばいよ」

警視庁の外事二課は朝鮮担当課である。何年も前から坪山は南北朝鮮情報収集のため深く食い込んでいた。上から下まで知っていた。フリーパスだった。なかでもいつも一緒に山歩きしていたSとは大の仲良しだったたし、協力者だった。

金東雲から金大中の見張りを請け負ってから、坪山は金大中についての情報を集めてくれるようにSに頼んでいた。気のいいSは課内を歩き回り、情報を集めてやった。

八月九日夕、警視庁に金大中拉致事件特別捜査本部が立ち上がった。本部長は公安部長・三井脩である。

現場の聞き込みは刑事部が当り、駐日韓国大使館員や韓国・朝鮮関係団体の情報収集は外事二課が担当した。Ｓは課員から「お前、なぜ金大中のことを嗅ぎ回っていたのか」と問い詰められた。

「なにか協力的な行動をとってくれよ。そうでないとオレが危ない」とＳは懸命だった。仕方なしに、坪山は捜査本部に連絡、これまでの経緯を説明することにした。

「情報を出したのは、社会正義とかそんな話ではありませんよ、極めて俗っぽい話です」

坪山と江村が一緒に一回、坪山はその後一人で二回、特別捜査本部から事情聴取を受けた。いつも一緒に酒を飲んでいた外事二課の理事官、課長代理から事情聴取を受けた。最初の聴取は事件発生から四日後の八月一二日だった。

金大中事件の日韓外交折衝で、これは重要な日付だ。八月八日に拉致された金大中はこの時点ではまだ行方不明のままだった。生死もわからなかった。殺されている、自作自演だ、そのうちどこかにひょっこり現われる、などさまざまな推測が流れていた。

後日の韓国側捜査によると、八日にホテルグランドパレスから拉致された金大中は、九日朝、「龍金号」に乗せられ、大阪湾から瀬戸内海を経て関門海峡を抜け、一一日深夜釜山港に到着した。一二日朝上陸してＫＣＩＡ八局が準備した救急車に乗せ替えられ、ソウルに向かって走っている最中だった。ソウル市東橋洞の自宅近くで解放されたのは翌一三日夜一〇時を回っていた。坪山が捜査本部で金東雲について全容を話しはじめたとき、金大中はまだソウルの自宅には戻っていなかった。それほど早く日本の捜査本部は事件の核心を握ったということだ。

捜査本部は、当然、坪山が金東雲と知り合ったいきさつを訊いた。坪山の証言で〝公調〟の笠井の名前が出た。

「私の友人が勤務していたせいかどうか、巣鴨署で一週間ほどぶっ続けに調べられました」と笠井は記憶を手繰る。巣鴨署は、新聞記者が日常的に立ち寄るところではないから、事情聴取に選ばれたのだ。私は今回の取材で、金大中事件捜査の中心にいた警視庁の元捜査幹部Aに会い、後に電話で要所要所を確認する作業をした。「笠井の名前は知りませんね。事情聴取した覚えはない。報告は上っていない」とAは私の問いに答えた。確かめようはない。だが、二人の証言を並べると、Aは真実を話していないと思う。Sについては一言、「彼は死にました」と言った。Sの存在は認めた。

入管の指紋は役に立たなかった

事件発生から四週間たった九月五日、日本政府は韓国政府に対して駐日韓国大使館一等書記官・金東雲が金大中事件の犯人である疑いが濃いとして任意出頭を求めた。決め手は金東雲の指紋だった。

ホテルグランドパレスの拉致現場にあった灰皿からともコップからともいわれるが、現場から採取した指紋と、金東雲が新聞記者を仮装して入国した際採取した左手一指の指紋が一致したというものだった。指紋は証拠の王様である。この指紋一致で事件は決まりということだった。

この指紋照合が難航したようなのだ。

事件取材の経験があればすぐわかることだ。政府、警察の説明通りだとすると、金東雲の指紋照合に時間がかかるはずはない。事件発生直後、警視庁の鑑識班が拉致現場から指紋を採取した。その夜のうちに鑑識課で整理されて、照合可能な状態になる。聞き込みと坪山の証言で金東雲が割れた。身元が確認され、新聞記者の肩書きで入国したことがわかる。入管に指紋が残っておれば、すぐ取りよせて、照合は分単位の作業だ。もたもたした理由は何か。

入管に指紋が残っていなかったか、残っていたが不鮮明で照合できなかったか、採取した指紋がよくなかったか、のいずれかだ。国会答弁、法相の説明は大きく食い違っている。

「金東雲が新聞記者として入国した際に採った指紋が区役所に残っていた」（警察庁山本鎮彦警備局長）

「原票が、たまたま入国管理局に保管されておりましたので、それを利用したわけです」（澤井昭之法務省入局管理局参事）。

「日本政府が公的に保存をしておりました間違いなく本人のものである指紋、これを刑事訴訟法の手続きにより関係官庁から入手」（佐々淳行警察庁外事課長）

「法務省が協力せにゃいかん。法務省が指紋持っとんのやから、古い古い指紋を出した、ということを秘密の電話で連絡があった。発表の前日（九月四日）の夕方ですね」（田中伊三次法相『金大中事件全貌』）

「間違いなく本人のものである指紋」と力を込めているところがいかにも胡散臭い。

坪山は指紋の出所について、びっくりするような話をした。

「それは違うと思いますよ。警視庁の捜査本部は、金東雲が新聞記者として入国したときに採った指紋を照合に使おうとしたが、古くて照合できなかったそうです。そこで私に、情報交換で金東雲から受け取った文書類、紙ですね、あるなら出してくれないか、と何度も言ってきました。そこまで協力はできないと思いましたがね、あまりしつこく頼むので出したら、しばらくしてその書類から採取した指紋で割れたと言ってきました。ものすごく喜んでいた」

そうだったのか。当時警視庁の公安担当だった後輩記者から「捜査員が浮浪者にばけて金東雲の家のゴミ箱を漁ったり苦労していた」という話を聞いたことがある。入管に指紋があったのに、と首をひねったが、坪山の話で合点がいった。

金東雲が新聞記者として入国した時採った指紋が、すんなり現場から採取した指紋と一致しておれば、日韓の外交折衝はもっと違った展開になったはずだ。

坪山が捜査本部ですべてをしゃべって、ＫＣＩＡの組織的犯行であり、拉致の直接犯の一人が金東雲であることを、特捜本部は事件発生から四日後には知った。そこで指紋照合ができておれば、日本は八月一九日、金東雲が最終的に逃げだす前に任意出頭を求め、韓国政府を追い詰めることができた。金東雲はびくびくしながら日本国内にいたからだ。金大中の原状回復を求め、再来日は実現したかもしれない。現実には指紋はすぐには照合できなかったのだ。もたもたしている間に金東雲は飛んでしまい、二度ともどって来なかった。

ソウルで日韓交渉を見ていた私の記憶では、八月の終りに事件が急展開した。捜査が煮詰まっていくいきさつを、『金大中事件全貌』は後藤田正晴の「あじさい日記」を引用して詳細に描いている。

事件から五年後、後藤田を取材したのは毎日新聞東京社会部にいた中島健一郎だ。

その頃は、後藤田は既に内閣官房副長官を辞し、故郷の徳島県から自民党で選挙に出て一度は落ちたが、再挑戦して衆議院議員に当選し、党総務に就任し、大平政権樹立の貢献者として頭角を現わしはじめていた。

後藤田は国鉄目白駅近くのマンションに住んでいた。応接間の書棚には二〇年分もの日記帳が並び、ちょっと壮観でさえあった。ブックケースに入った同じタイプの日記帳を毎年使っており、手慣れた毛筆で書いてあった。表紙にあじさいの絵が画いてあったので、中島が「あじさい日記ですね」と言って、記事では「あじさい日記」としゃれた命名をした。

後藤田はガラス戸を開けて書棚から一冊抜き出し、「この年（一九七三年）だったよね。そうそう高橋（幹夫）長官が来たと書いてある」とそのくだりを声を出して読んだ。中島は一旦辞去したあと、正確な日記の文章が欲しいと考え、目白駅の公衆から後藤田邸に電話、記事にする了解を求めたうえで、正確を期すためもう一度読んでくれと頼んだ。後藤田はこころよく電話口で日記を読んでくれ、中島はメモをとった。

「あじさい日記」には指紋が割れた前後がこう書かれていた。事件が発生した八月八日からすでに半月経過していた。

◆「あじさい日記」

八月二四日　山本（鎮彦警備局長）、佐々（淳行外事課長）捜査状況の報告にきたが、進展は難しいようだ。

八月三一日　高橋長官が来て「金大中事件について有力な証拠が握れそうだ」といって来た。

九月三日　明朝、高橋長官が捜査報告を総理にする。

警察庁長官高橋幹夫は九月四日午前六時二〇分、警備局長山本鎮彦を伴って目白の田中角栄邸を訪れ報告した。駐日韓国大使館一等書記官金東雲の指紋が金大中拉致事件現場から採取した指紋と一致、金東雲は犯人の一人であると断定したことを田中角栄に報告したのだ。

ここで「進展は難しい」とはどういうことか。「有力な証拠が握れそうだ」とは何を指すか。犯行現場のホテルグランドパレスでの聞き込み、地下駐車場で控えてあったナンバーから拉致に使われた車を割り出し、捜査本部は目撃情報、聞き込みからかなりの名前を割り出していた。金東雲の正体は坪山証言で完全に割れており、自分の自動車を使用した横浜総領事館の二等書記官・劉永福の容疑もはっきりしていた。坪山証言と聞き込みを越える「進展」「有力な証拠」とは指紋しかない。

国会答弁のように指紋の原票が入管にあれば「有力な証拠が握れそうだ」などと警察庁長官がのんびりしたことを言うはずはない。「あじさい日記」は、坪山が提供した書類から採れた金東雲の指紋が現場指紋と一致したことを物語っている。

もし坪山が資料提供に応じず、金東雲の指紋がなかったら、日韓外交交渉はどうなっただろうか。金東雲の任意出頭を求めただろうか。指紋があってさえあのざまだ。指紋がなかったら任意出頭は求めず、事件はうやむやに終わっただろう。

『金大中事件全貌』取材班にいた中島は、後日、ワシントン特派員になり、米国に亡命していた金大中をヴァージニアの自宅に何度か訪ねた。『金大中事件全貌』についての感想を聞いたが、「あの本は何度も繰り返し読みました」というだけで細かなコメントは避けた。

「おそらく、韓民統や民団との関係が書きこんであったので、触れたくなかったのではないか」と言う。一九八五年、命がけでソウルに強行帰国する際、取材に行った中島に、「車のバックミラーにぶら下げていた十字架です。私に万一のことがあったときには、私の命と思ってください」と十字架をくれたという。中島は今でも大事にしている。

三紙のスクープ「自衛隊関与」

七三年九月二四日の「東京新聞」「西日本新聞」「北海道新聞」三紙の夕刊一面にスクープが載った。前文と本文がほぼ同じで、写真と写真説明はまったく同じである。ブロック三紙の共同原稿だったろう。どの新聞の特ダネか、今では確かめようがなかった。

◆「金氏事件に意外な事実」「滞日中の〝見張り役〟に自衛隊員がいた」「依頼主は金書記官」（東京新聞夕刊一面トップ）

◆「監視グループに現職自衛官」「三日間、動静探る」「依頼主は金東雲氏?」（西日本新聞夕刊一面トップ）

◆「金大中事件・自衛隊員が介在」「金東雲氏に依頼され」「滞日中の見張り役」「退官前・興信所員として」（北海道新聞夕刊左肩トップ）

朝日新聞、毎日新聞は翌日の朝刊で追っかけた。会期末の国会は大騒ぎになった。外相・大平正芳は国連総会で演説するために二四日、夕刊の出る前にニューヨークに飛び、日本にはいなかった。首相・田中角栄は二六日午前一〇時羽田発日航特別機で仏、英、西独、ソ連訪問に出発寸前だった。政治の焦点は訪欧・ソの成果と帰国後の内閣改造で、田中角栄が落ち目の人気を回復できるかどうかに合わされていた。そこに降って湧いたような金大中事件に「自衛隊が関与」の報道だった。

さすがの田中角栄もキツネにつままれたような顔つきで、「まだ聞いていないのでお答えで

東京新聞　昭和48年（1973年）9月24日（月曜日）

東京新聞　夕刊

金氏事件に意外な事実

滞日中の〝見張り役〟に

自衛隊員がいた

依頼主は金書記

調査隊に10年在籍

事件発生前に退職

金大中氏

金東雲書記官

監視されていた源田マンション、矢印の部屋に「韓国民主制度・統一問題研究所」がある（東京・新宿戸塚町）

防衛二法

野党抵抗

当分は韓国の出方待ち

西日本新聞（夕刊）　昭和48年（1973年）9月24日　月曜日

西日本新聞　夕刊

監視グループに現職自衛官

在日中の金大中氏

三日間、動静探る

興信所調査員で参加

依頼主は金東雲氏？

ここが問題の舞台　現職自衛隊員（週刊）が興信所員として金大中氏を見張っていた源田マンション＝東京・新宿区戸塚（矢印が韓国民主制度統一研究所）

『防衛』やっと成立

監視したE氏と一

腰据えて韓国の出方を待つ

9月24日（夕刊）のスクープ（上＝東京新聞提供、下＝西日本新聞社提供）

きない」と言うしかなかった。首相答弁は翌日までお預けになってしまった。こんなことは珍しい。

翌二五日、田中角栄は参議院本会議でようやく、木で鼻をくくったような答弁をした。田中の答弁は書いたものの棒読みだった。

本書の読者は、笠井、坪山、江村三人の証言から、事件の背景を理解しているが、日本政府の中枢はどうやら何も知らされていなかったと思われる。

二五日の参議院本会議での、一晩留保した首相田中角栄の〝棒読み〟答弁はこうだ。

◆田中角栄首相答弁（七三年九月二五日参議院本会議）

「本事件につきましては、東京のある私立探偵社が、本年七月中旬ごろ、ある人に頼まれて金大中氏の所在確認につとめたが、所在がわからないまま七月末に契約を解除されました。その後、金大中事件発生後、警察にこの事実を通報し、協力したと話を聞いております。その私立探偵社を経営している人が元自衛隊員であり、また、すでに六月下旬に辞表を提出し、辞める前の休暇期間中の自衛隊員が手伝いをしたという話であります。この人は八月一日に自衛隊から退職が発令されております。事件そのものには直接関係はありませんが、警察では、この人たちを事件の前段階における証人的存在だとして、捜査の秘密保持上および証人保護の立場上、名前をはじめ捜査の詳細については公表できないと言っておる」

どうしてこんなことになったのだろうか。田中角栄は自衛隊員の関与について報告を受けていなかったと考えられる。肝心の防衛庁長官・山中貞則も直前まで報告を受けていなかった。この三紙が巻き起こした混乱から、警察、特捜本部の情報の扱い方が推測できる。情報の流れは後で検証する。

矢面に立たされた防衛庁長官・山中貞則は、報告を受けたのは九月二二日夜と答弁。質問者の方があきれて「これだけ重大な問題を、防衛庁長官は九月の二二日まで知らなかった？」と声を荒げる一幕もあった。

◆山中貞則防衛庁長官

「九月二二日の夜、報告をうけました。それから一日おいて一昨日（二四日）参議院本会議が終わって、総理に電話で報告をいたし、昨日（二五日）の閣議前に総理にお会いして概要を説明をいたしたわけであります。私のところに届いたのは確かにおそかったようですが、それは自衛隊の隊員じゃなくて、やめた者であるということのために、私に対する説明はする必要はなかったという判断をしていたようであります」

「東京新聞」「西日本新聞」「北海道新聞」のうちの一紙が自衛隊員関与の情報をつかんで、防衛庁か自衛隊に〝当てた〟（確認取材をした）。おそらく二二日だったろう。取材を受けたセクションは新聞記事になりそうだ、と判断して、ぎりぎりのところで防衛庁長官の耳に入れた。

二五、二六日の二日間、衆参両院の関係委員会、外務、法務、地方行政などの委員会は朝から晩まで金大中事件で沸騰した。各省の答弁は田中角栄の木で鼻をくったような答弁の枠内で行なわれた。質問は、今読み返してみるとやや的外れのものもあるが、概して本筋をついている。

質問は二つにわかれている。一つは坪山、江村の所属していた陸幕二部と調査隊についての質問である。そこで二人が何をしていたか。もう一つは、「佐藤と名乗る男がなぜ、突然やってきたのか、もともと付き合いがあったのだろう」という、至極もっともな疑問だった。

◆山中貞則・防衛庁長官

「調査隊は、内部の隊員の外部からのいろいろな働きかけその他についての、警務隊が調査を開始するまでの間の調査をするのであり、外国の調査あるいは外国情報、そのようなものはやっていませんし、そういう必要もございません。やっておりません」

◆江崎真澄・国家公安委員長

「佐藤と名乗る男と特殊関係があったのではないかというご質問ですが、男は自分の身分や連絡先は明らかにしないで依頼をしてきた、連絡先もわからなかった、いわゆる一方通行で調査を依頼された、こういう風に探偵社は申している」

◆中島二郎・警察庁警備局参事官

「自分の身元であるとか電話番号などをあきらかにせず、先方から一方通行的な連絡で依頼してきた。その時点では佐藤の素性についてはよくわからなかった、と申している」

二人は書類整理係？だった

坪山、江村証言を知ったうえで国会答弁を読むと、政府側の答弁はよくもこれだけぬけぬけと嘘を並べたと感心する。「佐藤と名乗る男」金東雲はミリオン資料サービスには一度も来たことはない。

◆箕輪登・防衛政務次官

「陸曹クラスの方々は、内外の新聞を消化する力もありませんので、外国の新聞や雑誌の公安関係の記事を翻訳し、書類を整理していた」「その某氏（※坪山）という人は朝鮮半島情勢をやっておったものではない。この某氏が朝鮮関係あるいは韓国関係というものを専門にやっておったものではないことだけは、はっきり申しあげておきたい」

質問する方は、具体的な証拠を握っているわけではないにしても、坪山、江村の所属する陸幕二部や調査隊が情報収集の任務を持っているという〝常識〟で訊いているのだが、防衛庁のトップは全面否定である。

二日間国会でもめ抜いて、外相も首相も外遊し、一二七日、第七一回国会は閉幕してしまった。もし国会の会期がもう少し残っていたら、野党の質問で警察庁、防衛庁の一角は崩れて、真相が表に出ただろうと思う。地方行政委員会では坪山、江村を証人として国会へ喚問しようという要求が出た。喚問が実現していたら、事態はまったく別の方向をたどったかもしれない。

国会終了直後、坪山は防衛庁から呼び出しを受けている。

「どうしようかなと考えたが、行かないわけにもいくまいと出かけました」

待っていたのは防衛局調査第一課長・島本耕之介だった。国会に喚問されたときの「想定問答集」を渡された。数枚のものだった。国会論議での防衛庁幹部の答弁の線で書かれていた。島本は「この線でお答え願いたい」と言った。坪山はざっと読んで想定問答集を返した。

「私は自分の判断で答えます。自衛隊はなぜ情報活動をやっていることを隠そうとするのですか。世界中のどこの国でも軍隊は情報活動をやっている。隠そうとするからかえって疑惑を招くのではないでしょうか」

島本は一九六五年の日韓国交正常化後、警察庁から出向した初代の駐韓日本大使館一等書記官だった。日本と韓国が情報活動でどのようにつながっているかは百も知った人だった。駐韓日本大使館には、以後も警察庁からの出向者が政務を担当し、カウンターパートはＫＣＩＡである。

閉会直前の喚問要求は握りつぶされた。

その三七日後に金大中拉致事件の第一次政治決着が行なわれた。笠井、坪山、江村と金東雲との接触、つながりを国民は誰も知らないなかで、金大中の原状回復（再来日）は実現せず、金大中の命は見捨てられた。日本政府は主権を放棄したのだ。「東京新聞」「西日本新聞」「北海道新聞」三紙のスクープは、もし結果が出ておれば文句なしの新聞協会賞ものだった。惜しいことに、線香花火で終わってしまった。

今、自衛隊OBは堂々と語る

あれから三〇余年が経過した。いまや自衛隊出身者は情報活動を行なっていることを隠さない。金大中拉致事件の直前一九七三年六月末まで陸上自衛隊の情報部門のトップ、陸幕第二部長だった塚本勝一は著書『自衛隊の情報戦――陸幕第二部長の回想』で自衛隊の情報活動を堂々と語っている。「調査隊という組織がKCIAと接触することは全くありません」などというゴマカシは言わない。

塚本は戦前の日本陸軍の出身である。陸士から陸大最後の卒業生で、戦後、一九五一年に自衛隊の前身、警察予備隊に入った。

日韓国交回復後、初代のソウル駐在武官として一九六七年九月から七一年八月までソウルで勤務した。駐韓日本大使館で情報収集に当るのは警察庁から出向した島本と、陸幕と空幕から出向した二人の武官だった。島本がKCIAを、塚本ら武官が韓国軍（陸軍保安司令部CIC、韓国読みでポアンサ）をそれぞれ担当した。KCIAも内実は軍であるという見方もあった。軍事独裁国家だったから、国のすべてを軍出身者が握っており、KCIAも軍の統制下にあったのは当然だった。日本から見るとちょっとわかりにくいが、韓国の記者たちも〝泣く子も黙る〟KCIAより、CICの方をいっそう怖れていた。

塚本は四年間の武官経験から、単なる情報マンというより、防衛庁きっての朝鮮半島専門家になり、帰国してそのまま陸幕二部長に就任した。ソウル武官時代、「よど号事件」に遭遇した。後に韓国政府から勲章をもらっている。

私はソウルで塚本に会っている。

一九六八年は朝鮮戦争後はじめて朝鮮半島が緊張した。一月、北朝鮮の武装ゲリラがソウルの大統領官邸青瓦台を襲撃しようとし、米国のプエブロ号がスパイ船として拿捕され、あわや朝鮮戦争の再開という危ないところまでいった。

その年の夏、私は連載企画『ソウルの暑い夏』取材ではじめて訪韓し板門店の休戦会談場に行った。英語が通じずにまごまごしていると、居合わせた日本の自衛隊の制服を着た人が「お手伝いしましょうか」と通訳を買ってでてくれた。それが塚本だった。

塚本が『自衛隊の情報戦』を書いた動機は、自衛隊はもちろん、塚本自身も金大中拉致事件とはなんの関係もないと、主張、立証するためだった。私は塚本に取材を申し入れたが、丁寧な断り状をいただいた。大要は次のとおりである。

「一九七七年の参議院予算委員会で共産党副委員長（当時）上田耕一郎が質問をし、陸幕第二部長が韓国のCIAを助けて金大中事件を行なった、その首謀者が私であると述べたのに対して、政府委員が適切な対応が出来なかった事件です。私はこんな根拠のない質問は断固はねのけるべきだと思いましたが、知人の記者から『共産党の狙いは自衛隊のイメージダウンで既にテレビで放映され、新聞に大きく報道されたので、共産党の目的は達成された。これ以上拡大することは無いだろう』と連絡があり、又そのとおり、立ち消えになりました。しかし濡れ衣は払わなくてはならないので、今回の私の著書『後輩達に言い残すつもりのもの』に取り上げたわけです。要は自衛隊も私もなんの関係も無いことを、記しています」

「金大中事件は拉致事件で、警察の職責、自衛隊には関係がありません。私は金大中事件の研究はしておらず、質問されても答えられません。警察の外事課等に接触された方が良いと思います」

塚本が抗議したいポイントの一つは、上田耕一郎が、「塚本が坪山、江村の肩叩きをした」つまり、拉致事件支援のため二人を辞めさせ「ミリオン資料サービス」を設立させたのではないか、という疑惑である。塚本はこれを否定するために一冊の本を書いたのだ。

彼は韓国国情院（ＫＣＩＡの後身）が過去史真相究明委員会を設置し、二〇〇七年、金大中事件についての調査報告を出したことに触発されて『自衛隊の情報戦』を出版したと思われる。さすが自衛隊きっての韓国通である。拉致事件の分析は鋭い。相当に情報、資料を集めていると思える。だが、自衛隊を守ろうとするあまり、笠井、坪山、江村ら金東雲の素顔を知る人の証言と重ねると、クビをひねらざるをえない、無理な説明もある。

この著書で塚本が書いていることが、事件当時公表されておれば、捜査も外交交渉もまったく違ったものになったろう。例えば自衛隊・陸幕第二部の自衛隊員とＫＣＩＡの接触を当然であるとはっきり認めている。

「金大中拉致事件当時、日本にはＫＣＩＡの要員がかなりの数、活動していた。我らもまた情報のアンテナを張るから、自衛官と接触することは不思議ではない。自衛隊のカウンターパートは韓国軍であり、陸幕第二部が公式に接触するのは（駐日）韓国大使館の武官室である。しかし、それ以外の人だからといって、接触を避けていては情報活動の訓練にもならない」

坪山証言と違うのは、自衛隊からＫＣＩＡへ接触を図ったとは言わずに、逆にＫＣＩＡから接近してきたと書いている。

「陸上自衛隊の情報関係者は、一九七三年五月頃から、駐日韓国大使館などのＫＣＩＡ要員が接触を密にしてきたことをいぶかしく思っていた。六月にはいると、特定の人との接触を求めるようになったものの、われわれにはその理由がわからなかった。これが金大中拉致計画の本格的な始動だったろう。彼らが警察に対してどのようにアプローチしていたのか、それはわからない」

坪山と金東雲の接触、交際の始まった時期を大きくずらしている。

「われわれが掌握しているところでは、一九七三年頃、金東雲一等書記官（本名、金炳賛）が坪山三佐に接触してきて、交際が始まった。坪山三佐は金東雲書記官がＫＣＩＡの要員であることを承知していたはずである。だからと言って接触を断つ理由にはならない」

坪山証言でもっとも重要なのは、金東雲との接触が金大中拉致事件からさかのぼること四年前の一九六九年からである点だ。塚本が、一九七一年、ソウルから戻り陸幕第二部長の椅子に座ったとき、坪山と金東雲の接触はすでに始まっていた。塚本がこれを知らなかったはずはない。

「接触や交際は、毎日レポートにして提出する管理された行動」であったという。塚本は、少なくとも第二部長に座ってから後は、坪山の行動を知っておらねばならない。「管理された行動」だからだ。

坪山は金東雲ルートの中味については多くを語らないが、「情報のやりとりで、私が金東雲に渡した情報より金東雲からもらったものの方が多かったというのが部内の評価だった。〝公式〟ルートで韓国からもたらされる情報は、私が金東雲からもらう情報の二割から三割位だったそうだ。だから金東雲ルートが大事にされたのでしょう」ともらした。塚本が、金東雲と坪山の接触が一九七三年春頃とわざわざ嘘を書いているのは、「四年前からの付き合いだった」という秘密の重要さを物語っている。

塚本は西部方面総監で自衛隊を退いた後、平和・安全保障研究所理事長を経て二〇〇三年三月末退職した。八月、坪山宛に「金大中（現大統領）拉致事件の真相をもう一度洗い直してみたい」という手紙を書いた。坪山から塚本の書いた二通の手紙を見せてもらったが、塚本の考えがよくわかるので、断りなしだがあえて紹介する。

坪山の退職について「私は退職の挨拶に来られた貴兄を記憶しておりますが、もうそれも過去のことで、或はお会いしても思い出せない位おたがいに変ってしまっていると思いますが、是非お会いして実情を覚えておられる限りにおいてお聞きしたいと思っています。御迷惑をかける心算は全く無く、自衛隊の関与がないことが明らかになればよいと思っています」と往事を回想しながら書いている。坪山は数回塚本に会った。

塚本は、上田耕一郎の〝肩叩き〟質問を意識しているから、『自衛隊の情報戦』でも坪山の退職については詳し過ぎるほど書いている。「父親の不動産業を手伝うため」というので副部長に調べさせ、父親に連絡して確かめたらそのとおりだというので、塚本は辞表に「退職に同意と付箋をつけて」人事部に書類を送付し、六月三〇日に退職が発令された、と書いている。「江村二曹も同日付で退職した」と書いているのは間違いだ。江村は八月一日付だ。

塚本には、自衛隊も自分も拉致事件とは関係ない、と言いたいばかりに、記憶違いとは思えない奇妙な記述がある。「日記」の話だ。

塚本の日記の、金大中が拉致された八月八日の項に事件の記述はない、というのだ。「高校野球始まる」とのんびりしたことが書かれている、という。「夕刊で報道されず、テレビでも放映されなかったのであろう」という。そんなことはない。

毎日新聞は夕刊最終版の締め切り時間を延長して金大中拉致をたたき込んだ。時間差はあるが、テレビ各局はニュース速報で流した。坪山、江村はニュース速報を焼鳥屋で見た。まだ陽が高い午後五時、官房長官・二階堂進が記者会見をしている。夜のニュース番組は金大中事件一色になった。日本中でこの日夜、金大中が拉致されたことを知らない人は一人もいなかった、とは言わない。しかし、一ヶ月前まで日本の情報機関の一方のトップの座にいて、通信学校長という自衛隊の現職幹部が、事件の発生を知らなかったでは通らない。日記に書いてあるかどうかは別問題だ。塚本のほかにもう一人、事件で重要な役割を果たした男が、八月八日、事件の発生を知らなかったと言っている。これは次章で書く。

自衛隊は拉致に関与したか

自衛隊と金大中拉致事件のかかわりはあったか、と言えば単純に答えは出せない。〃かかわり〃の意味はさまざまだ。組織として自衛隊がKCIAと協力して拉致事件を遂行したからはじまって、来日した金大中をKCIAが尾行し、あわよくば拉致しようとしていることまで知っていたのか。活動を封じ込めようとしているところまでは知っていたが拉致計画があることまでは知らなかったのか。かかわりには強弱、濃淡がある。一番の問題を具体的に言えば、自衛隊は坪山、江村に「ミリオン資料サービス」を開設させ、KCIAを支援させたかどうかという疑問だ。

坪山の説明を聞こう。

「退職したいきさつはまったく個人的なものでした。肩を叩かれたという話はとんでもありません。日本側で拉致事件を予測したものがいたかどうか。自衛隊についていえば、私は元同僚や元上司にKCIAの意図は教えておきました。八月九日のAA研議員との面会の阻止、八月一五日に予定されていた韓民統の支部結成大会をつぶそうということですね。それが陸幕第二部長まであがっていたかどうかはわかりません。知っていたかもわからない。だが、私自身、八月二日の銀座第一ホテルの工作まで彼らが拉致を考えており、あわよくば私に片棒を担がせようとしているとは考えてもいませんでした。だから、拉致をほのめかされたとき、きっぱり降りると言ったのです」

「KCIA側は日本の自衛隊をからませようと一生懸命工作していました。私が毎日金東雲と会って打合せしているのに、金東雲は私より一つ上の階級の元上司に電話を入れたりしました。その上司は私が紹介して金東雲を知っていたのですがね。そのルートを使って私を支援させようと考えていたのでしょう。金東雲は自民党の宇野宗佑議員事務所にも依頼していろいろ協力してもらっている、と話していました。宇野さんも協力しているのだから、大丈夫だと私を安心させようという作戦だったのでしょう」

「自衛隊の元仲間、元上司には、拉致かなにかやりかねない、とは言わなかった。そこまで言えば、初めからやるなということになる」

同席した江村は、「普通の会社員みたいだったのが、最後はがらっと変った感じだった。最後に坪山さんにピストルをちらつかせたというのは、やはりそういう教育、訓練を受けていたんだと思ったね」と金東雲の〝変身〟に驚いたと話した。

自衛隊の関与について、これまでの取材で私はこう考えている。

坪山が自衛隊の上司の指示でKCIAの駐日工作員金東雲と四年間接触を続け、その延長線上でKCIAの金大中拉致工作にかかわったことは間違いのないところだと思う。退職は個人的理由だったという説明も納得できる。江村は、官舎が坪山とすぐ近くで、「坪山に誘われたから」「江村と一緒だ」とお互い家族への言い訳に使うほど親しかったから、「将来のことを考えて」、興信所を開こうという坪山に乗ったという説明は筋が通っている。

組織として自衛隊の情報部門は、坪山が元同僚や元上司にKCIAの「KT作戦」について話したことから、KCIAの日本国内での動きを知っていた可能性は強い。だが、坪山と江村の肩を叩き「ミリオン資料サービス」を開かせ、金大中の拉致を支援したとは言えないと考えている。これ以上の資料が出てくれば話は別だ。

理由を二つあげる。

国情院の調査報告書はKCIAのソウル本部と東京派遣官の間に交わされた電文を決め手に使っている。「ソウル本部→東京派遣官」の電文で残っているものは少ないが、「東京派遣官→ソウル本部」はほぼ残っていたという。

私は最初、坪山の話をとても信じることができなかった。しかし、銀座第一ホテルで新聞記者とインタビューさせ、金大中を呼び出したいきさつが坪山の証言通りそっくりKCIAの電文の中に出ているのを見つけて、坪山の話を信じた。

この裏返しだ、と思う。国情院の報告書の何処にも自衛隊の関与が出てこない。組織的に自衛隊が拉致事件に協力しておれば、電文になにか片鱗があるはずだ。坪山は「協力者」としてしか登場していない。最終章で書くが、国情院の真実委は自分たちの調査は不完全だと認めているから、今後、日本側から何が出るか予想できない。

もう一つは、坪山に宛てた塚本の二通の手紙である。自衛隊のどこかのセクションがKCIAの拉致工作に手を貸し、坪山と江村に興信所をつくらせたとすれば、それは七三年七月以前に着手していなければならない。七月以降では遅すぎる。

塚本は六月末日まで情報のトップ、陸幕第二部長だった。彼の知らないところで組織としての自衛隊が動けるはずはなかった。塚本が三〇年後に元部下に出した手紙には、彼が事前に事件を知っていたとはとうてい考えられない文言が並んでいた。

悔やまれるのは、せっかく「東京新聞」「西日本新聞」「北海道新聞」が自衛隊員の事件への関与をスクープしたにもかかわらず、国会で二日間論戦が行なわれただけで、尻切れトンボになってしまったことだった。

三紙のスクープから第一次政治決着まで三九日も残っていた。佐藤・金東雲が「ミリオン資料サービス」を訪ねたかどうかを追いかける記者が一人でもいたら、あの政治決着はなかったのではないか。いや、だからこそ坪山、江村と記者の接触を防ごうとした男がいたのだ。

第三のスクープ

主権放棄の鍵を握る男

記者と警察の熾烈な闘い

金大中拉致事件が発生した時、新聞各社の警視庁記者クラブの布陣は一〇人から一一人だった。大阪府警本部記者クラブは七、八人だったから、一社で一〇人は全国で最大の記者クラブだった。

警視庁はお堀端の桜田門にあった。一九八〇年、大通りをへだてて現在のノッポビルに引っ越した。殺人事件などの捜査一課担当が二人、知能犯事件の二課担当、暴力団担当、公安担当、交通・防犯担当などに分かれていた。

金大中事件の取材は東京社会部、政治部、外信部が当った。金大中がソウルに強制連行され、大阪港から船で運ばれたことがわかると、大阪本社社会部、神戸支局も取材に加わった。投入された記者は、一番多い時で一社で二〇人から三〇人を超えただろう。

事件記者一本だった私の経験からいえば、社会部の取材で一番きびしいのは、警視庁の公安担当と東京、大阪の地方検察庁にある特捜（特別捜査部）担当だった。いまは、特捜は名古屋にもある。

公安の刑事は口が堅く、情報が取れなかった。刑事部の、例えば捜査一課、二課だったら、刑事と仲良くなれば深夜でも家に上げてくれ、ビールが出て、事件についての話の端々から情報が取れた。刑事は、犯人逮捕の邪魔さえしなければ、情報をくれた。いずれは表に出る話だから、二日や三日早かろうが現場の刑事にしてみれば痛痒はなかった。手柄話、自慢話をしたい刑事もいる。

公安はそうはいかない。家に上げてくれるような刑事はなかなかできなかった。口をきいてくれても情報は皆目出なかった。なかでも外事課はまったく情報がとれなかった。一切が闇に包まれていた。戦後の公安事件、とくに外事がらみの事件で表に出たものは一握りもないのではないか。公安は、新聞記事が間違っていても、間違っていると指摘したり、記者、新聞社に抗議してきたりはしない。外事は、事件そのものの存在を明らかにしないのが立て前だったから、間違いを指摘したり抗議すると、事件があることを認め、本当のことをしゃべらなくてはならなくなるからコメントしない。何を書こうが知らんぷりだった。

こんな体験がある。大阪府警本部の外事課が北朝鮮のスパイ事件を追っていた。断片的な情報をつないでかなり大きな社会面の記事にした。一切発表はないのだから、相当部分は、推理でカケラをつなぎ合わせて記事にした。二、三ヶ月後、公安の外郭団体の雑誌に「暗躍する北朝鮮スパイ」という特集が出た。私が書いた事件についての特集だった。記事を読んで私はほっとした。私が推測で書いた部分は全部当っていたからだ。だが、あまりにもぴったりだ。スクラップブックの私の記事と比べて驚いた。当っているどころか、雑誌の記事は私の書いた記事と一言一句違わなかった。公安警察がなにをするか身に沁みてわかった。

金大中事件の捜査を担当した警察のトップは、戦後日本の公安警察の最強メンバーで固めていた。

警察庁長官・高橋幹夫は一高、東大、内務省で、海軍予備学生出身だった。戦後復員して警察に入り、警備公安一筋だった。「ビア樽」を連想する巨体だったから、部内外で「タルさん」の愛称で呼ばれた。政界から芸能界まで顔が広く、新聞記者とも付き合いがよかった。トップに近づいた頃、赤坂で交通事故にあい、会議の席で脳血栓で倒れ失語症にかかって一時言葉を失った。持病の糖尿病も悪化した。

前任者の内閣官房副長官・後藤田正晴は、なんとしても高橋を後任の警察庁長官に据えたかった。警察病院長に相談したら、国会は三時間くらいならいい、ものごとの判断は間違えない、ということで一九七二年六月、後藤田は高橋に長官を譲った。これほど入れこんだ人事も少ないだろう。

傍で見ていた記者の回想によると高橋と後藤田の関係は、「社長になったものの前社長が代表権を握ったまま会長として君臨しているようなもの」だったと言っている。「会長と社長」

の関係は金大中事件の情報の流れを考える上で大切だ。

警備公安を考える場合いくつかの切り方がある。対象によって共産党・過激派と外事・スパイに分けることができる。警察庁警備局長・山本鎮彦は外事・スパイで後世に名前を残した。戦前の旧制松本高校（現信州大）から東北大出身で内務省にはいった。愛称は「ムッシュ・ヤマチンボロフ」だった。彼を知る人、記者たちは、今でも懐かしそうに「山チンさん」と呼ぶ。ムッシュは駐仏大使館勤務が五年と長かったからだ。公用車の座席のポケットにフランス語の活用辞典を入れ、毎日「ル・モンド」を読み、ロシア語にも堪能だった。警察出身者では初めて、退職後、特命全権大使（ベルギー）を務めた。

山本鎮彦とラストボロフ事件は切っても切れない関係だ。ラストボロフ事件は、日本が独立してまだ日の浅い一九五四年一月に発覚した事件だ。在日ソ連代表部の二等書記官ユーリ・ラストボロフが在日米当局に保護を求め、米国は日本政府に断りもなしにラストボロフを軍用機で米国に運んだ。ラストボロフはソ連赤軍GRU（軍の課報組織）の中佐の肩書きを隠して外交官として日本に潜入して日本人エージェントを使ってスパイ活動をしていた。偽装入国、日本の主権侵害、金大中拉致事件とそっくりである。

当時、警視庁公安三課長だった山本鎮彦は密かに米国に派遣され、ラストボロフから在日中のスパイ活動について詳しい供述をとった。

この事件は戦後最大のスパイ事件と言われる。山本鎮彦の持って帰った調書をもとに取り調べが進み、外務省の事務官が一人自殺、三人が逮捕された。この事件ではこんな記憶がある。ずっと後のことだが、ラストボロフ事件の報告書を見た。誰から見せてもらったかを書くことは私でさえはばかる。超極秘の文書だった。白い表紙で、事件名も書いてない。ただ「〇〇〇号事件」とだけあった。事情聴取した民間人、とくに報道関係者の名前が並んでいるのに驚いた。あの報告書は、公安警察の深淵をのぞかせていた。

警視庁公安部長・三井脩は、彼を知る人にとって今でも「肥後もっこす」として語られる。熊本県出身、旧制大阪高校から東大に進んだ。戦後すぐ内務省に入った。外事の山本鎮彦に対して、三井脩は過激派との闘いで名前を残した。三井は上司にさえ情報をなかなか報告しないほど情報管理の厳しい人だったと古い記者は嘆く。金大中事件が発生した時、現場を預かる警視庁公安部長で、特別捜査本部長として全力投球した。犯行現場のホテルグランドパレスから採取した遺留指紋の一つが金東雲の指紋と一致することを突き止め、金東雲を犯人の一人と断定、任意出頭を求めるところまで追い込んだ。

公安警察のベテランをトップに頂いて、公安捜査は警視庁公安総務課長・福井與明が現場の指揮をとったという。福井がまた公安を絵に描いたような無口な男だった。三井・福井コンビで特捜本部は血のにじむ捜査を続けたが、鉄壁の機密保持の壁に向かって新聞記者の熾烈な闘いが続いた。警察の防禦で情報の大部分は秘匿されたままで、その結果として金大中事件は今もってナゾに包まれた部分が多い。

政治決着で警察は報いられたか

第一次政治決着で韓国の首相・金鍾泌が陳謝特使として来日、日本の首相・田中角栄と外相・大平正芳と会談した。この外交文書を韓国政府は二〇〇六年に公開した。日本外務省にも同じ記録があるはずだが、日本は公開していない。

田中角栄が警察捜査について話したくだりで三井脩の名前が出てくる。金鍾泌の日本語は完璧だったから、この会談は日本語で行なわれた。それを韓国外務部が韓国語に訳したものを私が日本語に訳した。はやく日本語の原文を見たい。

◆田中角栄・金鍾泌会談（一九七三年一一月二日午後二時半～三時四五分、旧首相官邸）

金鍾泌　その間の経緯はともかく、金大中事件で物議をかもし申し訳なく思っています。今後このようなことが起こらないことを願い、互いに努力し、両国間に親善関係を一層増進するよう努力することを理解してくれるよう望みます。

田中角栄　金総理が日本にお出でいただいたことはもちろんですが、韓国政府の発表を見ますと、韓国側の誠意を高く評価しますし、これで金大中事件は一段落させようと今朝の閣議で正式に了解してもらいました。手ぬるいと抗議する大臣もいました。特に田中法相には一本クギをさして置きました。

私としては次のいくつかを確実にしておかなければなりません。

第一、金大中事件の捜査は日韓両国が協力して継続しなければならない。

第二、捜査の中間報告を含め、捜査の進展状況を日本側に報せてくれなければならない。

第三、捜査の進展に従って金東雲の行為に公権力が介入したことが判明した場合には、新たに問題提起をするほかないので、この点を明らかにしておく。

第四、金東雲の捜査は彼の逮捕、起訴などを含むものと理解する。（書いて持ってきたものを出してそのまま読むように話した）

金鍾泌　今の話は、その通りにするということですか、それとも〝タテマエ〟（建前）として一応話しておいたということですか。

田中角栄　〝タテマエ〟としてです。

金鍾泌　わかりました。それでは、あなたが今話したことは新しいことではなく、一応〝タテマエ〟として話したものだと理解します。

田中角栄　金総理も最初からよくおわかりのとおり、私と大平外相は金大中事件があったからといって、対韓基本政策を絶対に変更するような性質のものではないと主張してきました。

（中略）

田中角栄　もちろん金大中といっても、治外法権を持つわけではないでしょう。私は金大中の出国可否は本人の意思如何にかかっているとみていますが、彼は日本には来ないとみています。あの人がそれほど政治的センスもない人だとすれば、将来性もない人でしょう。しかし、ともかくあの人がここに来なければいいと思います。

われわれは金大中が韓国の国民だったので（入国を）制止しなかったのです。ところで、日本から追い出したとき、米国に行ったらどうします？

金鍾泌　日本から追い出してくれさえすればいいのです。

（中略）

金鍾泌　金東雲の容疑に対しては引き続き捜査するのだし、その調査結果に従ってわが国の法によって処理するわけですので、これで捜査は韓国に全部一任した以上、日本政府はその結果がわかればいいことで、閣僚会議開催まで捜査結果が出るか出ないかといったり、それをまた閣僚会議に影響させてはいけません。日本政府が経済協力や閣僚会議を捜査問題に結びつけて扱うのは困ります。

田中角栄　まったく同感です。捜査問題と閣僚会議または経済協力はまったく分離し別個の問題として扱わなければならないと考えています。捜査はこの後も日韓両国が協力してしなければならないのですから、捜査の中間結果をその時その時通報してくれなければならないですな？

金鍾泌　それは困った話です。中間の通報は難しいです。日本は最終結果について通告をうければいいのではありませんか？

大平正芳　捜査はおおよそいつまでに終結するものと予測されていますか。

金鍾泌　わかりません。まかせてもらった以上は、結果だけ通告を受ければいいではありませんか？

田中角栄（大平と一緒に笑いながら）そういうことですな。

金鍾泌　日本側の捜査本部はどうするつもりですか？　捜査自体はどうされますか？

田中角栄　捜査本部は徐々に押さえて無くすつもりです。当座は無くすわけにはいかないでしょうが？　そうではありませんか？　だから三井捜査本部長も栄転させ、当分の間はなんとかかとかやっていく。こちらも神経を使っているのだから、まかせておいてもらいましょう。

金鍾泌　わかりました。

田中角栄（大平外相に向かって）捜査当局との協議はどうなっているの？

大平正芳　現在捜査当局は捜査を継続しつつ、韓国側の捜査結果を待っている状態です。

田中角栄　〝タエマエ〟としてはそうだが、実際は日本側捜査は終結しているわけだ。

金鍾泌　わが大統領も日本政府の難しい事情をよく理解しています。だから対国民、対国会という観点からあなたの立場が困ったことにならないよう配慮していますので、もう今後は金大中事件は完全に忘れていただくようお願いしたいのです。

田中角栄　すんだ話を何度繰り返しても意味がないので、もうこの問題は〝パー〟にしよう。〝私も開き直ったから〟。

金鍾泌　それはこの前にホールインワンをしたので、そこで自信を得て〝開き直る〟ということですか？（注・田中角栄は八月一七日箱根・仙石ゴルフ倶楽部でホールインワンを達成している）

田中角栄　ホールインワンは偶然だが、これは本当ですよ。

どちらが主権侵害してどちらが被害国かわらないやりとりだ。三井脩はこの会談記録を読んだだろうか。読んでいたら何を考えただろうか。会談には外務省からアジア局長・高島益郎しか同席していない。記録も公開されていない。韓国側のハングルで書いた記録の公開される前に、三井は早々と一九九二年鬼籍に入ってしまった。三井脩は日本語の原本は見ていないかもしれない。

元捜査幹部Aにこの会談記録を見せた。Aは言下に言った。「これは間違っている。三井さんは栄転していない」

外務省アジア局次長・中江要介は「三井を栄転させたのなんのと言ってるけど、本当は、日本捜査当局何やってんだって、田中は怒鳴ってもいい場面だと思う」と毒づいている。

第一次政治決着で田中角栄と金鍾泌が会った一一月二日付で三井脩は公安部長のポストから動いてはいる。栄転とすれば警察庁警備局長か警視庁副総監だったはずだ。しかし、横滑りで警視庁警務部長、続いて警視庁副総監をへて、警察庁警備局長になったのは翌々年の二月一日である。三井脩の後任の公安部長は、警察庁警備局参事官・中島二郎だった。私は当初、田中角栄は「肥後もっこす」を煙たがって、公安部長・捜査本部長からはずしたと思っていたが、後藤田は自伝『情と理』で、役人の人事は田中角栄から全部まかされていた、と話している。警察人事は掌をさすように熟知していたのが後藤田だから、三井脩をはずせば事実上捜査は終ることを承知で警務部長への横すべりを「栄転」と田中角栄に説明したというのが真相ではなかっただろうか。田中角栄は栄転と信じていたのだ。後で書く証人隠し（一一一頁以降）に一枚かんだ中島二郎を特捜本部長の後任にすえたのは、意識的とすれば、あまりにもできすぎている。

捜査本部は事件発生から一〇年後の一九八三年八月一日に解散した。外事二課長・井上幸彦も一九七四年夏にははずされている。「実際は日本側捜査は終結しているわけだ」という田中角栄の一言がこの間の事情を正確に物語っている。

警察は拉致を事前に知っていたか

一九七三年八月八日、金大中がホテルグランドパレスから拉致された際の警察への届け出は変則だった。

国会での各省庁責任者の証言を整理するとこうなる。

午後1時30分頃　事件発生

2時14分　宇都宮徳馬から警視庁赤木泰二警備部長に連絡、赤木部長は警視庁外事
　　　　二課長、麹町署長に調査と所要の措置を指示
20分　係員が現場に出向
41分　韓民統問題研究所長・趙活俊から110番通報
45分　麹町署のパトカー現場到着
50分　外事二課員現場到着
3時15分　警視庁緊急配備
30分　緊急配備発令時の指定検問場所に配備完了
40分　警視庁、警察庁・管区警察局を通じ主要空港、港湾の警戒を手配、空港
　　　　61、港湾119
（50分　NHKの字幕ニュースで速報が流れた）
45分～6時30分　東名高速道路で検問体制敷く
7時～　栗東、彦根インターチェンジで検問

金大中を警護していた側近が異変に気付き大騒ぎになり、毎日新聞外信部の元ソウル特派員石川昌（後に北京特派員、故人）に連絡した。石川は、当時まだ日本では無名に近かった金大中と親しく、拉致直前まで接触していた。石川は夕刊締め切りを延ばしてもらい、警視庁の担当記者が電話取材で荒筋をつかんで、東京発行の最終版に金大中拉致をたたき込んだ。東京以

外で発行されている毎日新聞には載っていない。

「韓国野党の大物政治家金大中氏、連れ去られる、東京のホテル四、五人の男に」と一面左脇四段見出しで、七十数行入っている。夕刊に入ったのは毎日新聞だけだ。

ソウル支局の私に外信部から電話連絡が入ったのは午後三時をだいぶ回っていた。まさか後の展開を予想できなかったから、「とにかくこういうことがあったから、報せておく」という感じだった。

私は東橋洞の金大中宅に飛んで行った。延世大学や梨花女子大のある新村ロータリーを過ぎて、金浦空港に向かう幹線道路から左に路地を入ったところだった。がらんとして車も人も見えなかった。李姫鎬夫人に会ったのはその時がはじめてだ。彼女の不安そうな顔を忘れることはできない。私の東橋洞通いはこの日から一九七六年三月、「三・一民主救国宣言事件」で金大中が逮捕されるまで二年七ヶ月間続くことになった。

東京入国管理事務所審査一課は午後三時に本局に電話で「身元不明者から、金大中が駐日韓国大使館に拉致されたが、国外連行を防ぐ手段はないか、という電話があった」と報告、入管本局は羽田、伊丹、福岡各入管に連絡、指示している。この段階ではまだNHKのニュース速報は流れていない。金大中側近の誰かが東京入管に連絡をいれたのかもしれない。調べたがわからなかった。

さらにニュース速報を見た海上保安庁は、「NHKテレビの臨時ニュースで知る、午後九時頃、警察に情報はないかと問い合せ」ている。騒然としたなかで、新聞、テレビの取材が始まった。

妙なことに事件発生当日、警視庁に特別捜査本部は設置されなかった。警視庁の公安・刑事両部合同の「金大中氏逮捕監禁事件特別捜査本部」が麴町署に置かれたのは、まるまる一日遅れて九日午後七時だった。特捜本部長は警視庁公安部長・三井脩だ。捜査本部には、大きな、人の背丈より高い板の看板が架けられた。今手元の写真を見ると「監禁」の横に「略取」の二文字が手書きで書き加えられている。

捜査本部設置が一日遅れた理由について当時の警視総監・槇野勇は記者の質問に答えて「殺人事件のような現象的にはっきりしているのとは異なり、この種の事件ではある程度の基礎的な調査が必要だ。捜査本部設置は九日夜だが、それ以前から金氏の無事救出を主眼とする捜査のために、救出本部をスタートさせていた」と説明した。いかにも苦しい説明だ。これまで「救出本部」など聞いたことがない。被害者金大中の写真も九日になってようやく配布した。

警察には判断ミスがあったとみられる。警察の動きはスムーズでない。自衛隊については、元自衛隊員、現職隊員がKCIAに頼まれて金大中の動向監視を引き受けたから、KCIAとグルではないかという疑惑でみられた。警察はこの初動の鈍さからいろいろな疑いを生んだ。

警察には思いこみがあったかもしれない。日本滞在中の外国の政治家が、秘密警察によって白昼拉致され、国外に連れ去られるという経験はなかった。そのうち解放されて出て来るだろう、いや自作自演で、なにもありませんでした、と現われるだろう、あまり騒ぎ立てると恥をかく、という思いがあったのではないか。警視庁は金大中の動向を追っていたはずだから、韓国政局の渦中での〝内輪もめ〟くらいに考えたのかもしれない。もっと重要視しておれば、即日、捜査本部を置いたはずだ。

恥ずかしい話だが、ソウルにいた私がそうだった。事件記者のカンでは、殺されて日本のどこかで死体で発見されるか、どこかで解放されて出てくるか、金炯旭がそうだったように永久に出てこないか、のいずれかだろうと思った。まさか韓国に連行されるとは思いもしなかった。韓国人の友人たちは自作自演とは考えなかった。殺されていると考えている韓国人が多かったようだ。よもやソウルに戻ってくるとは、彼らも想像していなかった。

人気のない金大中宅を表から写真に撮り東京本社に電送した。不謹慎だが、「死体で発見された金大中氏のソウルの自宅」というキャプション・写真説明を想定していた。

八月一三日午後一〇時過ぎ、ソウル支局の女性の助手から「今、東亜放送のラジオが音楽番組を中断して臨時ニュースを流しました。金大中さんが自宅に戻ってきたと放送しています」と連絡があった。〝自宅〟とは〝東京の自宅〟だとばかり思って「東京の自宅はどこだった？」と問い直した。助手はてっきり私がすでに酔っぱらっていると思ったそうだ。その時になってはじめて一九六七年の東ベルリン事件と同じだということに気付いた。

日本の警察は、一九七三年七月一〇日、金大中が米国から日本に戻って来て以後、事件発生まで金大中に関心を持っていたか、ノーマークだったか。イエスでもノーでも警察の失態は免れない。関心を持って動静に注意していたとしたら、目の前で、白昼、首都のど真ん中から金大中を攫われたのは大失態である。

もしノーマークだったらとしたら、これまた警察の不注意、不手際のそしりは免れなかった。金大中が朴正煕による第二のクーデター、前年一〇月の「維新宣言」に反対声明を出し、日本に事実上亡命したことは報道されていた。以後、日米を二回往復、七月再来日したのだが、米国滞在中、精力的に反独裁、民主回復闘争を続け、KCIAによる妨害事件が発生し、これは日本にも伝わっていた。当時の東京社会部の事件担当記者たちに聞くと、「そりゃ、警視庁は金大中の動向を張っていた。当然だ」と口をそろえる。

警視庁が金大中の動向を追っていたと証言したのは、事件から四年後、元KCIA部長で米国に亡命していた金炯旭だ。

一九七七年六月、米下院国際関係委員会国際機構小委員会（フレーザー委員会）の公聴会で、金炯旭は昔の部下だった駐日公使・金在権（本名金基完）から直接聞いた話として次のように証言した。

「金基完は日本で、KCIA本部から派遣された現地指揮官と共に仕事をすることになりました。六人のチームが組織され、このチームは金大中氏を拉致するための尾行をしたのです。一九七三年八月一日、警視庁は金大中氏を尾行するチームの写真を撮っています。この後、金基完は警視庁に呼ばれ、日本警察当局は、金大中氏を尾行している三人のメンバーが写っている写真を金基完に示して、このような行動は日本政府を苦境に陥れることになるからやめてほしい、と要求しました。写真の三人の男のうち一人は、駐神戸領事の李台熙でした。彼はKCIAの部員です。このため、写真に写された三人は交替させられ、新しい人員が配置されました」

金炯旭は、一九六一年、朴正熙がクーデターを実行した際の中心（主体勢力）だった韓国陸士八期である。KCIAの第四代目部長として一九六三年七月から六九年一〇月まで六年以上にわたって韓国社会に君臨した。KCIA部長としては最長である。「南山の猪」のあだ名のとおり、「女を男にする以外なんでもできる」というKCIAの悪名を作り上げた。金大中拉致事件のモデルと言われる「東ベルリン事件」は金炯旭が引き起こした。

南山は、ソウル市南部にある小高い丘で、麓に拷問で有名な捜査担当五局があったからKCIAの別称となった。本当のKCIA本部はソウル中心部から離れた里門洞にあった。

金炯旭は、朴正熙が腹心の金載圭に射殺される直前、パリを訪れ行方不明になった。国情院真実委の調査で、KCIA工作員によって殺害され、パリ郊外の公園の藪の中に埋められた、と発表された。

金炯旭は拉致犯人の名簿も公表したが、日本政府の対応はそれまでとまったく同じで、誰がなんと言おうと、二回にわたる政治決着で放棄した主権を取り戻そうという姿勢は微塵もみせなかった。外相・鳩山威一郎は「伝聞であることにはかわりない」としりぞけ、日本の警察が金大中を尾行するＫＣＩＡの写真を撮ったという証言について警察庁警備局長・三井脩が次のように答えた。

◆三井脩・警察庁警備局長（七七年七月一三日衆議院外務委員会）

「金炯旭氏自身がうそだと思いながら証言されたというようには私は必ずしも思いませんけれども、そういう事実が全くない。われわれにとっては事実無根であるということでありますので、どういうつもりでいわれたのかという点については、私たちは理解に苦しむところです」

金炯旭が米議会で宣誓した上での証言であったなど問題にもしていない。この同じ委員会で、とんでもない質問が出てきた。

前年、一九七六年八月、和歌山県高野山で近畿警察官友の会主催の教養講座が開かれた。警察庁長官を辞任して一年九ヶ月しかたたない高橋幹夫が現職時代の金大中拉致事件についてこんな話をした、というのだ。

「金大中事件、あれは私の一生のなかでいちばんいやな事件でした。あの当時から、私は金大中はあぶないと思っていたが、まさかああいうばかなことをやるとは思っていなかった。新聞あるいは公式には、あれはＫＣＩ（Ａ）ではないといっておるが、ＫＣＩ（Ａ）であることは間違いない。金東雲というのはある程度知っておったが、あの野郎がこんなことをやるとは思わなかった。逆手をとられたわけです」

話しただけではなく、これが友の会の機関紙に載ってしまった。警察も、特に後輩の三井脩は大先輩の失言には弱った。この答弁はいろんな意味でおもしろい。長いがはしょって引用する。
◆三井脩（同）
「まず内容が大変おかしいので取るに足らないと、私たちはこれを無視した。最近になって、金炯旭発言等もあり、高橋さんに事情を聴かせました。高橋さんはそういうことを言った覚えがない、こうおっしゃった。しかし、速記に取ったものが載っておる、印刷物になっていると言ったところ、大変意外だ、高野山で話したことを内容として思い出され、講演をしたが記録に残さないということであったし、印刷するということは了解もとめられなかった。大変心外である、こういういきさつです」

「内容について、高橋さんがいうには、当時そういうことを言った覚えがないけれども、印刷物になっていると聞くと、当時新聞その他で推測としてＫＣＩＡとか某国秘密警察がやったのではないかとしばしばいう人がいた。それが頭に残っておって、金東雲を割り出した警察の功績、警察の努力を称揚する意味でややオーバーなことを言ったのではないか」

「私たちが見ると、あの内容はいくつも事実と違うところがある。したがって、私たちとしては現職を離れた方の一私人として、推測としていわれたのであろう。本人は今日、必ずしもそういう推測を持っているのではないと言う。違う点と言うのは、金大中が入ってきて危ないと思ったことは全くない。金大中の問題については、当時私が警視庁におりまして第一線を担当しておりましたからよく知っておりますけれども、金大中が入ってきた、これは危ないと思ったことはない。したがって、警察庁の長官が思うはずはない、したがってこれは間違いだ」

「金東雲について事前に知っておった、そう読み取れる文句がある。長官が金東雲一等書記官を知っておるはずがないと私たちは思って、本人に確かめたところ、金東雲は全く面識がない、知らないということです」

「あの事件は難しい事件である、いやな事件であるということはその通りで、その難しい事件についてなんとか金東雲を割り出すところまで捜査でこぎつけた、警察官の集まりだから、諸君しっかりやってくれ、こういう意味であったといい、私もそれを真相であろうと考えている」

質問した河上民雄は苦笑して「日本の警察の内部というのは大変のどかなものだということがいまの話でうかがわれる」と冷やかしている。

議事録のこのくだりは何度読んでもあきないほどおもしろい。日本の議会史上、こんなバカげた答弁は他に例がないだろう。田中角栄にバカ扱いされ、先輩の失態をかばうためにこんな答弁をしなければならなかった三井脩という人が気の毒になってくる。

毎日新聞の『金大中事件全貌』取材チームのデスクが高橋幹夫の家に夜回りに行った。

「タルさん（高橋の愛称）は、『そりゃ言ったさ』と高野山発言を認めた。ただ、活字にするかどうかは任せるよってね」

タルさんが言わなくても、タルさんの講演記録を読めば、「現場を預かっていた自分が危ないと思ったことはないのだから長官が思うはずはない」という三井脩の答弁を、そうかそうだろう、と思う人はいない。担当デスクはあえて記事にはしなかった、ということだろう。

外務省アジア局次長・中江要介は三四年後、こんな話をしている。米国から日本に戻って来たとき外相・大平と元駐韓日本大使・金山政英が身元保証しており、米国でいろいろ問題があったことはわかっていたから、捜査当局は警備をしっかりしないと問題が起って困るというわけで「どの筋か知らないが、金大中に、あなたは日本滞在中警備をつけることを希望しますか、と聞いたら、金大中は『いらない』と言ったという」。

政府、警察、外務省が正直に話してくれなければならい重要な問題の一つが、警視庁が金大中を尾行するKCIAの工作員の写真を撮って、KCIAの日本駐在責任者・駐日大使館公使の金在権を呼んで警告したかどうか、という点だ。警察が尾行していたとしたら、金東雲から依頼を受けて金大中を銀座第一ホテルにおびき出して内外タイムス記者にインタビューさせ、その後尾行して居所を確認したKCIAの作業を警視庁は知っていたはずだからだ。

ＫＣＩＡが金大中を尾行しているのを日本警察が写真に撮ったとしても、それは金炯旭の証言にある八月一日ではなかったはずだ。銀座第一ホテル工作を思い出していただくと、八月一日、ＫＣＩＡはまだ金大中を捕捉していなかったからだ。

日本警察は、八月八日、金大中がホテルから拉致された後、何をしていたのだろうか。東名高速道路で押さえられなかったのだろうか。金大中を乗せた船は翌九日午前八時四五分、大阪港から出港し、瀬戸内海を一日かかって抜け、一〇日午前九時五四分、関門海峡を通過、釜山港に着いたのは一一日深夜だった。車か船を押さえるチャンスはなかったのだろうか。この検証がこれまでなされていない。釈然としないものを感じる。

事件発生を「知らなかった」もう一人の男

元自衛隊陸幕第二部長・塚本勝一は「日記」の八月八日の項に、金大中拉致事件のことを書いていないといい、「夕刊でも報道されず、テレビでも放映されなかったのであろう」と書いている。

もう一人、「八日、事件の発生を知らなかった」という人がいる。内閣の事務を取り仕切っていた内閣官房副長官・後藤田正晴である。

後藤田は死の七年前、一九九八年、『情と理――後藤田正晴回顧録』を出版した。オーラルヒストリーという形式で、聞き手は東大教授・御厨貴である。

御厨の「インタビューを終えて」によると、一九九五年九月から九七年一二月までの二年半、二七回インタビューを行なった。

「われわれは毎回一週間前には五項目から十項目に及ぶかなりきちんとした質問メモを用意して、後藤田氏に送った。まちかまえていたかのように、後藤田氏は、それに触発される形で過去の記憶をたぐり出す努力をされ、さらに周辺情報を収集し整理された上で当日に臨まれた。前の晩は予習のために、奥様も動員されることしばしばだったときく」

単行本では上下二冊だった。二〇〇六年に『情と理――カミソリ後藤田回顧録』と題名を変え、加筆して講談社＋α文庫に収められた。上下合わせて八四〇頁ある。

後藤田正晴は旧制水戸高校から東大へ進み、戦前の内務省にはいった。戦後は警察畑一筋に歩き、警察庁長官にまで上り詰めた。一九七二年六月、長官を辞任し後任に高橋幹夫を指名した。七月、田中角栄内閣発足と同時に、乞われて内閣官房副長官に就任した。

官房長官は〝趣味田中角栄〟の二階堂進だった。

当時副長官は二人制で、後藤田が事務担当、山下元利が政務担当だった。事務担当副長官は旧内務省（警察庁、自治省、厚生省）の事務次官経験者から選ばれるのが慣例だった。長官まで経験した後藤田の副長官就任は格下げで、やや意外な感じで世間はとらえた。

事務担当の官房副長官は、毎週の定例閣議の前日に開かれる事務次官会議を取り仕切り、閣議に出席して法案の説明、各種行事の説明をした。官僚日本の要にいて、日本の政治を事実上後藤田の四、五年後輩で、一年生議員だったから、後藤田の権威は周囲を圧していただろう。『情と理』の中で後藤田は金大中拉致事件発生についてこう話している。重要と考えるので長いが引用する。

「八月九日朝、僕の旧制高等学校の先輩の宇都宮徳馬さんから電話がかかってきた。『金大中さんが日本に来ておって、そのホテルから拉致された、これは権力犯罪のようだ、それはわかっているかい』というから、そんなの聞いたことがないよ、と言った。それじゃすぐに手配してくれ、という話で、金大中さんの救出と犯人逮捕をしてもらいたいと言うんです。それで僕は、宇都宮さん、わしに言うのはおかしい、私はいま官房副長官で、警視総監でもなければ警察庁長官でもありませんよ、あんたが警視総監に電話しなさい、と言った。すると、俺は警視総監ってやつを知らんよ、と言うんです。ああそうですか、それなら僕が警視庁によく話しておきます、ということで電話を切ったんです」

「警視庁公安部長の三井脩（後の警察庁警備局長、警察庁長官）に電話したら、警視庁は事件発生を知らないんです。それなのにその後、マスコミなどに出るのは、警視庁は金大中氏が来てることを知っており、のみならず、尾行していたはずだ、と言うんだな。金大中氏というのは、日本の治安機関としては当然注意してなければならない一人だと思いこんで、そういう間違ったことを言う。マスコミは、日本の治安機関も金大中さん拉致の片棒をかついでいると言いたいわけだ。絶対そうじゃなかった。全然知らなかった。三井君が担当部長で、すぐに手配をしていたのだ、おかしい、という批判が一部にあった。私は『そんなバカなことあるか』と言った」

「なぜかというと、誰よりも早く事件の連絡を受けたのは、官房副長官の私だった。誰から連絡があったかというと、それは衆議院議員の宇都宮徳馬さんからだ。『グランドパレスに金大中さんが来ていたのだが、数名の何者かによって拉致された。これは大変な事件だから、早急に手配してくれ』という電話があった。私は当時警視庁公安部長だった三井脩君にすぐ電話をした。ところが、三井君は全然知らない。つまり、警視庁も全然知らなかったのだ。ということは、金大中さんが来日しているということを知らなかったということで、いわんや警察が工作したなどというのはまったくの間違いだ」「私からの連絡を受けて、警視庁はすぐに捜査態勢に入り、およその見当はついた」

『情と理』とどこが違うか。『支える動かす』には宇都宮徳馬が電話してきた日時が入っていない。素直に読めば八月八日のことだと受け取るのが普通だろう。

本書八八頁に整理した事件発生時のタイムテーブルには書いてないが、八月八日午後二時過ぎに韓民統の趙活俊は、駐日韓国大使館の金在権公使、続いて宇都宮に電話をかけている。宇都宮がここで後藤田に電話をいれておれば、後藤田の話とぴったり重なる。矛盾はしない。一一〇番より早いから、三井が「知りません」と答えて当然だ。国会答弁では宇都宮が後藤田に電話したことは出ていない。

公安部長・三井脩が事件の発生を知らなかったから、「金大中が来日していることを知らなかった」というのは無理がある。来日を知っているかいないかと事件発生を知っているか否かは別問題だ。だが、宇都宮と後藤田の電話のやりとりが八月八日午後のことであれば筋は通る。後藤田はなぜ『支える動かす』の七年後に出版した『情と理』で、宇都宮徳馬からの電話を、「八日午後二時」から事件発生翌日の「九日朝」のできごとに作りかえたのだろうか。警察は事件には関係なかったと言いたかった、ただそれだけだろうか。

特捜本部の元幹部Aに会って、後藤田の『情と理』にある宇都宮徳馬からの電話のくだりを見せた。最初は「後藤田さんの錯覚でしょうね」と言っていたが、「九日の朝」であることを指摘すると、Aは黙り込んでしまった。理由もなしにこんな細工をするわけもないからだ。

『支える動かす』の「金大中事件」の項目の最後に「それにしても金大中事件のときはいろいろな壁があって、本当に残念だった」と書いている。後藤田のいう「いろいろな壁」とは何だったのか。後藤田が墓場まで持って行こうとしたのは何だったのか。

後藤田の〝弟子〟も不思議な著述

金大中拉致事件にかかわった関係者は、事件に関して書き残していない。犯人海外逃亡で時効が中断、事件は〝生きている〟からだ。そんななかで後藤田正晴の〝弟子〟をもって任じる佐々淳行は例外である。

佐々は達意の文章で多くの著書がある。佐々は警察庁外事課長として金大中事件捜査の中心にいた一人だ。捜査のすべてを知りうる立場にいた。

『わが上司後藤田正晴――決断するペシミスト』（文春文庫）の中で「金大中氏誘拐事件とドンの度忘れ」という一文がある。

九月五日、日本政府は韓国政府に金東雲の任意出頭を求めた。これは読売新聞の朝刊のスクープになった。各社、紙一重で争っていたが、そこを抜け出して特ダネをモノにするのは容易ではない。この年の新聞協会賞を取った。この情報がどこから漏れたか。公安担当記者たちは、警察の公安筋ではない、政府筋か警察でも公安以外の筋だろうと見ている。

佐々はこの特ダネについてこんなエピソードを書いている。早版交換紙で読売の記事を知り、急遽警備局長・山本鎮彦らと警察電話で払暁の電話会議を行ない、金東雲の任意出頭を求めることにし、払暁の緊急記者会見をした、という。そんな騒ぎの中で、官邸の後藤田から呼ばれ、山本鎮彦と佐々淳行が旧首相官邸二階の官房副長官室に入ると、いきなり大雷が落ちた。

「なぜ事前に知らせなかったのか、この事件は高度な政治判断を要する国際事件で、警察が勝手に任意出頭などかけていいものではない……と大変立腹しておられる」

一度警察庁にもどったら、再度呼び出され、「ホレ、すぐいえ、何ていった？」後藤田は佐々をハッタとにらみつけて「えー、西遊記、えー、孫悟空」。わかった、金大中氏誘拐犯人の名前だ。金東雲ですか？「そうよ、それ、それ、なーんか西遊記みたいな名前じゃと思ったが、あんまり怒ったのでわすれてもうた。すぐ田中総理に報告せにゃあ」と後藤田は席を立った、と実におもしろく描かれている。

読売新聞のスクープがあったから駐日韓国大使館の一等書記官の任意出頭要請が決まるわけはない。決めたのは警察庁ではなく、日本政府である。どこで金東雲のカードを切るか、日本政府は八月末から重大な局面にぴりぴりしていた。駐韓日本大使・後宮虎郎を呼び返して手順を決め、五日の任意出頭要請となったのだ。この金東雲呼び出しは金大中事件の最大の山場であった。

それを後藤田が知らなかったというのだろうか。それはあり得なかった。首相・田中角栄と外相・大平正芳の了解なしにやれることでもなかった。任意出頭を要請しても韓国政府が拒否することは最初から想定していた。その時日本政府はどうするか。朝の記者会見で官房長官・二階堂進がどう説明し、記者の質問にどう答えるか、すべて事前に準備されていた。その準備は後藤田がやったはずだ。その後藤田が、孫悟空、西遊記から連想して容疑者の名前を聞き出し、「さあ田中首相に報告に行こう」と席を立った、というのは冗談が過ぎる。

佐々は別の著作で、出席していない参院法務委員会でしゃべったという話を書くなど、筆が滑ったではすまないところがあるが、先輩のベテラン公安記者は、「時効中断でまだ金大中事件は生きているから、佐々さんでも本当のことは書けないんだよ」と弁護した。

結局、〝師匠〟後藤田と金大中事件はなんの関係もありませんよ、金東雲の出頭要請も知らなかったし、金東雲の名前も知らなかった、と援護射撃したのだと考えれば、こうしたエンターテインメント作品も理解できるかもしれない。

私は佐々に取材の申し込みをしたが返事はいただけなかった。

警察は坪山情報をひた隠しにした

読売のスクープは、政府が発表する手はずになっていたから、数時間後には表に出る話だった。「東京新聞」「西日本新聞」「北海道新聞」のスクープは質が違う。警察当局としては漏れてはならない、紙面に載ってはならない話だった。

三紙に載ったのは一九七三年九月二四日夕刊だ。「金氏事件に意外な事実」「見張り役に自衛隊員」「依頼主は金東雲」の見出しにもっとも深刻な衝撃を受けたのは警視庁の特別捜査本部と警察庁だった。なぜこの極秘情報が漏れたか。

事件四日後に坪山が特捜本部に出頭、金東雲と四年間にわたって接触していたこと、金大中の見張りの依頼を受けたこと、拉致の話が出て金東雲と手を切った等々、すべてを話したことは、警察部内では超極秘にされてきた。

どの範囲まで知らされていたかは推理するしかないが、捜査に必要な範囲内の関係者で、しかも必要な部分しか知らされていなかった。後年、大阪で発生したグリコ森永事件で私は社会部長として取材の指揮に当ったが、警察の保秘には泣かされた。

「保秘」という言葉は、それまで一般的でなかった。グリコ森永事件以後、記者までが日常的に使うようになった。私はこの言葉は嫌いで、いまでもなじめない。グリコ森永事件は刑事事件だったが、捜査手法は公安捜査のやり方が導入されたといわれた。新聞記者と刑事の接触を遮断するため、刑事の後ろから別の刑事が尾行するという珍妙な事態が生れた。

金東雲と笠井、坪山、江村の接触について知っていたのは、まず朝鮮担当の外事二課内で直接坪山と付き合いのあった山仲間のS、坪山と江村から事情聴取した警部、警部補、巡査部長、報告を受けた外事二課長のみだったろう。

外事二課長・井上幸彦は、逐一公安部長で特捜本部長・三井脩に報告を上げただろう。公安部には公安総務課があり、ここには赤軍の捜査で名を馳せた福井與明（後の公安部長）がいて部内を統括していた。警視庁内で坪山証言の全貌を知っていたのは、このラインとその周辺の、指で数えられるほどのわずかな人数だったはずだ。この捜査員たちに記者は接触もできなかっただろう。

三井脩がどこまで情報を上げたか。警視総監・槙野勇に報告しただろうか。槙野は刑事畑出身だった。報告したとしても、全容ではなかったかもしれない。

三井脩は警察庁の警備局長山本鎮彦には情報を上げた。職制上報告しなければならなかった。山本を経由して警察庁長官・高橋幹夫、警備局参事官・中島二郎、外事課長・佐々淳行には情報が伝えられた、と思う。

三井と山本、三井と高橋、三井・山本・高橋三人と後藤田の人間的関係を取材してみたがおもしろかった。

後藤田の癖について語った警察関係者もいた。「後藤田さんはなんでも知っていないと気が済まない人でした。大臣をやめて、もはやそこまで情報がいるのか、という状況になっても、捜査本部に電話してきましてね、『おう、元気にやってるかい、ところで捜査の進展状況はどうかね』と訊いてくるんです。大先輩ですからね、まあ少しは話をします。すると別の席で、『捜査本部からの報告によると』とやるんです。参りましたね」。警察庁長官・高橋幹夫は「代表権を持つ会長」後藤田に情報を上げた、それもかなり早い時期だった、と私は考えている。問題はそれから先だ。後藤田は官房長官に報告しただろうか。首相・田中角栄にはどうだろうか。肝心な情報は、後藤田のところで止まった、と考えるとこれから先の推理がしやすくなる。

田中角栄は、事件直後、捜査本部が金東雲を割り出してすぐ、金東雲の名前を聞いていたと思われる。

事件発生から一〇日目の八月一七日、田中角栄は箱根の仙石ゴルフ倶楽部でプレー、ホールインワンを達成している。第一次政治決着の田中角栄・金鍾泌会談で角栄が「もうこの問題は〝パー〟にしよう。私も〝開き直ったから〟」というと、金鍾泌が「それはこの前にホールインワンをしたので、そこで自信を得て〝開き直る〟ということですか」というやりとりをしている。そのホールインワンのことだ。秘書官（大蔵省）で後の日銀副総裁の吉本宏、越山会の佐藤昭子が同伴者だった。「金大中氏は觔斗雲《きんとうん》に乗って行ったんだ」と話したと佐藤が『日記』に書いている。田中角栄も金鍾泌も人一倍ゴルフが好きだった。

金東雲という一等書記官の名前が割れているという報告は受けていたが、自衛隊の絡みを知らなかったことは、後の「東京新聞」「西日本新聞」「北海道新聞」のスクープ騒動で、国会で立ち往生したことでわかる。高橋から報告を受けていた後藤田は田中角栄には情報を上げていなかったのだ。田中角栄に上げない情報を二階堂に話すはずはない。

防衛庁に対して坪山、江村についての経歴照会は八月下旬には行なわれている。この時も必要最小限の話しかしていないだろう。自衛隊の情報部門は捜査本部の報告をうけるまでもなく、坪山と金東雲の関係を知っていた。

外務省には一切捜査情報はいっていない。三紙のスクープの後の国会で、田英夫が「指紋が一致したことと、エレベーター内の目撃者の二つに加えて、自衛隊員が張込みをしていたという第三の容疑があれば、外交上非常に有利だったのではないか」と至極まっとうな質問をしたとき、外務政務次官・水野清は憮然とした表情で「外務省には、そういう連絡はございません」と答えている。

日韓外交交渉の窓口だった外務省アジア局次長・中江要介は三〇年経って、警察の捜査を罵倒している。

「初動捜査で日本の捜査当局がびびったのか、手控えたのか、怠けたのか、間違いをおかしたのかわからないけども、要するに初動捜査が実にお粗末だという印象をもった」

「とにかく捜査の問題について、捜査当局と外務省が事務的に話したことは一度もないですよ」

「責任ですよ。僕はずっと思ってますよ。一貫して。日本警察が、ずいぶん偉そうなことを言うんだけど、こんな誰が見たって、グランドパレスから東名高速走って、港から船に乗って、上陸して自宅に帰って、その間何もてがかりも取れないっていうのはおかしいですよ」

「韓国側はＫＣＩＡをひた隠しに隠す、日本の捜査当局も、捜査の内容を隠す。日本の捜査当局は徹底的な捜査をできなかったか、何かあったんだと思う」

延々と続く捜査批判をしているこの人が、当時外務省を代表して国会答弁をしていたのだから驚く。二〇〇七年、新聞社の後輩の鳥越俊太郎が金大中とインタビューしたいというのでソウル・東橋洞に案内して一緒に金大中と会った。予備取材でテレビカメラの前で中江が長時間語ったのは、警察不信だった。

公安警察の大前提は、いかなる事情があろうが、情報は可能な限り出さない、拡散させないというもので、警察の論理はこういうことだ。
◆中島二郎・警察庁警備局参事官（一九七三年九月二六日参議院外務委員会）

「私どもが言っているのは、金東雲書記官の指紋が二二一〇号室の遺留指紋の一部と合致したということで、決してそのほかに証拠がないとは申しておりません」

現場の聞き込み捜査で金東雲が割れた。さらにホテルグランドパレスの犯行現場から採取した指紋が金東雲の指紋と一致した。金東雲を犯人と断定するにはこれで十分だった。少なくとも九月二四日の三紙のスクープが出るまでは、これ以上を報告する必要はなかったということだ。情報が拡散すれば漏れる可能性は広がる。国会論戦で警察は開き直っている。

質問する側は、目撃者と指紋に加えて第三の証拠があれば、金東雲の容疑はいっそう深まったではないか、知らさなかったというのは自衛隊員が関与していたからか、と追及する。

警察部内でさえ情報を流さなかったのだから、他省庁に情報を流すはずはなかった。肝心の自衛隊が、坪山、江村の経歴などの照会を受けたのは八月の下旬だった。自衛隊、陸幕第二部ではどうも反応が鈍かったようだ。その理由を塚本は私宛の手紙の追伸として「後任の陸幕第二部長（故人）はソ連通の人で朝鮮半島には興味が薄かった」と書いている。

外務省はどうだろう。外務省はまったく知らされていなかったと国会答弁で言い切っている。

後藤田が厳命「しばらく消えておれ」

そんなことが現代の日本でありうるのか、という話を書く。

警察は徹底して情報を隠した。いつもの癖だが、この事件では、金東雲を挟んで公安調査庁、自衛隊、警察が絡み合っている。もし坪山・江村証言の全容が暴露され、笠井の存在まで出てしまうと、収拾がつかなくなる。三紙のスクープでパンドラの箱の蓋が開きかけた。

九月二六日、首相・田中角栄は訪欧・ソの旅に出発する。国会の金大中論戦はまだ続いていたが、その日で国会は閉幕して尻切れトンボになる。田中、大平が日本にいて、国会が後数日続いておれば、金大中事件の展開はまったく別のものになっただろう。

飯田橋の「ミリオン資料サービス」事務所の電話が鳴った。坪山と江村二人に「何日だった?」と尋ねたが、二人は顔を見合わせるだけで特定はできなかった。三紙のスクープは九月二四日。二六日か二七日か、いや二八日か。「それより遅いことはなかったね?」電話の主はZ出版の社長Mだった。坪山はMと昵懇だった。Mは顔が広い。警察にもジャーナリストにも自衛隊にも顔がきいた。

「坪山さん、後藤田さんがあなたに会いたがっているよ。話を聞きたいそうだ」。それだけ言って電話は切れた。

坪山はキツネにつままれたような気分になった。この間まで警察庁長官で、目下、政府の官房副長官の後藤田正晴が、自分に何の用事だろう。何の話を聞きたがっているのだろう。とにかく会うしかない。

後藤田に会ったのは一回だけで、坪山一人だった。都内のホテルだった。同席した男が、警察庁長官・高橋幹夫であると自己紹介した。

後藤田の話は予想もしていないことだった。

「金大中事件のことでマスコミがうるさい。しばらく姿を消せ。江村もだ」

坪山は「消えておれ」に仰天した。事件のことについてはほとんど訊かれなかった。坪山は、特捜本部で話したことを後藤田は全部知っているな、と思った。

「大丈夫ですよ。マスコミの対応はちゃんとできます」と言うと、後藤田はぎょろっと目をむいて、「オレは警察時代にずいぶんマスコミと付き合いがあったから、うるささをよく知っているんだ。だめだ、消えておれ」と繰り返した。

「新聞記者はもちろん、警察にも自衛隊にも公安調査庁にも内閣調査室にも、誰にも会ってはならない」ときつい調子で言った。〝厳命〟という感じだった。

「姿を消せとおっしゃられても、私は自衛隊を辞めたから飯が食えませんよ、と言ったんです。後藤田さんは『バカ言うな。オレが姿を消せと言ってるんだ。補償しないわけねえだろう』って。『ハワイにでも行ってればいいだろう』と言うんです。あの人と話していると、体中、蛇に巻き付かれて身動きできないような気持ちになりましたね」

坪山は「蛇に巻き付かれたような気持ち」を繰り返した。

後藤田は、新聞記者が坪山、江村の自宅に押しかけていることを知っていた。新聞記者が二人から「パンドラの箱」の中味を聞き出すのは時間の問題だと考えたのだ。『情と理』で新聞記者のことをこんな風に話している。おもしろい。

「僕は新聞記者との接触は絶やさなかったんです。新聞記者の厳しい権力機関に対する批判というものがないと、権力機関というのは運営できないんです」

「経験上いいますと、政治部記者と社会部記者は全然違うんです。警察庁の場合は社会部記者ですから。たまさか政治部の記者が来ますが。絶えずこちらが警戒しているのは社会部記者です。それは一発勝負なんです。バサーッとやられるんだ。ところが政治部記者というのは、ある程度つき合いが深まって、気心がしれないとなかなか真相がとれないんですね。そこで政治部の方はとかく馴れ合いになる。社会部は絶対にそれはあり得ません。社会部は厳しい。だからその点は絶えず注意してつき合っていませんとね」

後藤田と会った後、二人は警察庁警備局長・山本鎮彦と警備局参事官・中島二郎と潜伏の打合せをした。坪山は中島二郎とは以前から面識があった。外事課長・佐々淳行には会っていない。

「さあ、消えろ」と言われてから後が大変だった。

二人は家族にも行き先を告げずに、後藤田に会ったその日から潜った。自宅は新聞・テレビの記者とカメラマンに取り囲まれている。着替えも取りに帰れなかった。家族にはZ出版の編集長が事情説明に行ってくれた。

二人の話を聞きながら、戦後、レッドパージを受けた共産党員が「地下に潜った」という話を思い出した。そんなことがあり得たのかと感心した。

今ならハワイに行ったかもしれないが、当時は「ハワイにでも行っておれ」と言われても、おいそれと出かける気にはなれなかった。国内で潜伏するしかなかった。

最初は伊東温泉に行った。二人はプロだ。警察が聞き込みに回っているのに気付く。やばい。坪山らを追っているのはマスコミだけではなかった。後で知ったのだが、特捜本部は血眼で、突然消えた二人の行方を追っていた。

江村は趣味が釣りだった。海釣りもやっているから、釣宿には詳しい。「釣宿に隠れよう」と伊豆に行った。

釣宿を転々とした。最初は警戒して、二人別々に泊まるように見せかけたりした。そのうち慣れて二人で泊まるようになった。大島にも行った。かなりたっての話だが、坪山は大島の宿に家族を呼んで密かに会ったこともある。

「伊豆半島をほとんど一周しましたよ」と言う。「もう表に出てきてもいいぞ」という連絡はいつになっても来ない。いつ来るか、二人には見当もつかない。終着駅のわからない潜伏生活だったから、精神的に参った。終りの頃は釣りにも飽きて、Z出版の人を呼んで麻雀をして気を紛らわせたりした。

家族の生活資金、潜伏費用はZ出版の編集長が届けてくれた。二人の記憶では、二人分で五百万円、三百万円、五百万円と三回、合計千三百万円受け取った。二人にとってこの金額はどれくらいの値打ちだったか、訊いてみた。

坪山は陸上自衛隊の三等陸佐で退職したが、退職前の月給は二一万円だった。警察を退職した人を雇ったとき、本給が自分の退職時より少なかったから、覚えている。

仏、英、西独を回りソ連まで足を延ばした首相・田中角栄は途中で外相・大平と合流して一〇月一一日帰国した。田中、大平が不在中に韓国ロビーの巨魁岸信介が訪韓して朴正熙と会い、岸信介の子分の元駐韓大使・金山政英ら密使が往来して、水面下で日韓の折衝が続き、一一月二日の第一次政治決着を迎えた。潜伏生活は一ヶ月を超えていた。それでもまだ二人に「もういいよ」という連絡は来なかった。

田中角栄は、「事実上の捜査終結」「金大中は日本に来なくてもいい」と、韓国の希望を全面的に入れて、にこやかに金鍾泌と握手したものの、一皮むけば政治決着はもろい面を持っていた。会談では「終結」と言ったものの、公式には「新事実が出てくれば見直す」と約束しているから、笠井、坪山、江村の口から金東雲の正体がばれれば、政治決着は瞬時にして吹っ飛んでしまう。田中角栄政権はつぶれたかもしれない。

潜伏を指示した後藤田は、政治決着を見て一一月二五日、翌年の参院選出馬のために官房副長官を辞任してしまう。この後の潜伏については警備局長・山本鎮彦と警視庁公安部長に転出した中島二郎が仕切ったと坪山らは考えている。坪山は山本鎮彦には今でも好感を持っている。

「いい人でした。後々まで山チンさんがずいぶん面倒をみてくれましてね。あの事件でミリオンの宣伝をしてもらってプラスもあったが、マイナスもあったと言ったら、マイナスはオレに相談したらいいよ、と言ってくれました。山チンさんは警察を辞めたあと、ベルギー大使に出ました。送別会には、本人から直接電話で声をかけてくれました。後に通信社の人が『坪山からいろいろ聞いたがどうか』と水を向けたが、ニコニコするだけでなにも話さなかったそうですよ」

一一月が終わって一二月に入った。潜伏は続いた。金大中拉致から四年後の国会（一九七七年四月一六日参議院予算委員会）で防衛庁防衛局長が「一九七三年一二月初め、元自衛官二名について事情を聴取したが、警察当局の国会答弁どおりであったことを確認している」と答えている。役人の口から出任せだった。

まさか二人がその頃伊豆の釣宿に潜伏していたことも知らなければ、後に二人が私に真相を語るとは思いもしなかっただろう。

警察としてはまだまだ潜伏を続けて欲しかったかもしれないが、一二月も押し詰まって、「もういいよ」とZ出版の編集長から帰宅の許可が伝えられた。二人は正確な日付を覚えていない。クリスマスは過ぎていた、という。三ヶ月に及ぶ潜伏生活が終わった。

後藤田正晴が補償した潜伏費用千三百万円はどこからでたか。二人は「どんな金か聞かされなかった」という。私は金額からみて俗にいう「官房機密費」からだったろうと考えている。

正式には「報償費」とよばれ、内閣官房報償費、外務省報償費、捜査報償費がある。領収書不要、会計検査院の監査も免除され、官房報償費の場合、官房長官の判断で使える〝便利な金〟だ。

竹下登は第三次佐藤内閣と第二次田中内閣で二度官房長官を経験しているが、機密費は「官房長官の専権事項」で「極端にいいますと、内閣官房長官の引き継ぎ事項は、これだけなんです。新長官には（報償費が）これだけあります、と引き継ぐ」としゃべっている（『回顧録』）。

旧首相官邸の内部に詳しい知人に見取り図を描いてもらった。玄関を入って一階左奥に官邸事務所があり、その南奥に小部屋あった。一時副総理室に使ったこともある。副総理が使わないときは倉庫代わりで、この部屋の真ん中辺に金庫が据えてあり、事務所長が管理していた。官房機密費は十数億円から三十数億円と諸説あるが、数千万円、一億円以上の現金が常時この金庫に入っていたと思われる。

後藤田は中曽根康弘内閣で二回官房長官を務めている。最晩年、二〇〇一年、財界人との小人数の懇談の席で官房機密費の処理についてこう話している。

「自分は宮澤（喜一）さんから引き継いだ。宮澤さんほどまじめな人はいない。月割りにして四ヶ月分残っていた。この金は何に使うのかと聞いたら、内閣の仕事に必要な時に使ってくださいと言われた。一回目は藤波（孝正）君に、二回目は小渕（恵三）君に引き継いだ。小渕さんはまじめで金の使い方についてわざわざ相談に来た。少なくとも宮澤さん以降はきっちりとしている」

「あのお金は官房長官か内閣調査室長が責任者で、その領収証がないと出金できない。自分はしかけのあるサインをし、人が真似できないようにしていた。この金は官房長官の領収書があればよいことになっている」

機密費の扱いがきちんとしたのは宮澤以後ということになる。後藤田が出版社編集長を介して坪山らに渡した補償金は、後藤田の指示で官邸事務所の金庫から出し、二人に払われたのだろう。二階堂進の了解をとっていたか、どのような口実だったか、知りようがない。後藤田のポケットマネーであるはずはなかった。

〝釈放〟された江村は、正月、家族を一泊の温泉旅行に連れて行った。温泉から戻って間もなく、警視庁外事二課から連絡がきた。「慰労会をしてやろう」と言う。坪山と江村は九段の料理屋でご馳走になった。外事二課長・井上幸彦ら幹部四人が出席した。一人は「さすが本職だけあって、上手く隠れおおせたね。こちらも全力上げて探したんだがね」と褒めてくれた。後藤田の指示通り、警察にも防衛庁にも、内調、公調にも二人の足跡は捕まれなかったようだった。

元捜査幹部Aに、二人の潜伏について「あなたは後藤田が二人を隠したことを知っていたか」と尋ねた。彼は「知らなかった」と答えた。慰労会についてもクビを横に振った。

後藤田が事件の鍵を握る

後藤田はなぜ坪山、江村を隠したのか。

「東京新聞」「西日本新聞」「北海道新聞」のスクープで、自衛隊員が金東雲の依頼を受けて見張りをしていた、という一ヶ月以上秘匿してきた極秘情報が流れ出た。

救いは国会が会期末で質疑は二日間だけだったことだ。肝心の外務大臣は米国出張中、首相はヨーロッパに出かけてしまった。国会質疑を通して、「佐藤と名乗る男がミリオン資料サービスに突然やってきて、金大中の行動監視を依頼した。三日間やったが成功せず、契約は解除した。自衛隊に関連する二人のうち一人は六月三〇日すでに退職しており、もう一人は辞表を提出し、退職待ちで就職活動をしていたので問題はない」という筋書きで押し通した。

このまま放置しておいたら、しつこい新聞記者が坪山、江村を攻めて真相を暴き出してしまうのは必至だった。開きかけた〝パンドラの箱〟の中には、これまで世間がまったく知らなかった日本と韓国の情報機関の結びつきがびっしり詰まっていた。それよりなにより、言を左右にして明言を避けてきた金東雲の身分、KCIA工作員であることがバレてしまう。金東雲がKCIA工作員であれば、拉致事件は韓国政府機関による犯行であり、日本の主権侵害であることが立証されてしまう。

後藤田の狙いは、どちらが優位だったかわからないが、一つは警察、自衛隊、内調を守ることであり、もう一つは「主人」である首相・田中角栄の考え——金大中の再来日を拒み、日韓の経済協力をスムーズに進める――に添うことであった。

後藤田は一九五〇年、自衛隊の前身・警察予備隊創設のとき、警備課長兼調査課長としてかかわり、保安隊設立計画までつくった。とくに調査隊については、警察手帳を模した「調査隊手帳」案を出したり、調査隊強化のためさまざまな考えを示したという。自衛隊、特に情報部門には特別の思い入れがあったのだろうか。

金大中事件を追い続けていて、疑問にぶつかったとき、日本の役人、とくに外交官は正義のために行動するのではなく、主人である政権担当者のために動くのだということを思い知らされるのが常だった。二〇〇二年、鈴木宗男事件で逮捕された戦後最強の外交官といわれるあの佐藤優が対中国問題に関連して「靖国神社に行ったらメチャクチャなことになりますよ。しかし、それでも行かれるならば、その上で対中外交を組み立てなければならない。時の総理をお支えするために、官僚としての全能力を投入する」と書き、外務省アジア局次長・中江要介は「日本外務省としては、日本の政府に大きなダメージを与えられるのを避けようとするのは当然の仕事だと思っていましたから」と言うのだ。彼らの正義とはいったい何だろう。

後藤田が官邸から去ったあと、警察庁警備局長・山本鎮彦と警視庁公安部長・中島二郎が坪山と江村の潜伏を仕切ったという推測は書いた。

中島二郎は第一次政治決着の一一月二日付で三井の後を追って金大中拉致事件特別捜査本部長となったわけだ。二人を潜伏させたまま、捜査本部員、公安捜査、外事二課の面々にも坪山、江村の潜伏を伝えなかったのだろうか。一二月末、生還した二人の歓迎会をしてくれた外事二課幹部らの話から考えると、中島は外事二課の幹部にも話していないと思われる。公安の口の堅さは恐るべきである。

一二月末で二人の潜伏終了を決断した山本鎮彦はどんな計算をしたのだろうか。

第一次政治決着で世間の関心は金大中事件から急激に離れていった。一〇月六日、第四次中東戦争が勃発、第一次石油ショックが起こった。金大中事件の政治決着のちょうどその日、一一月二日、大阪府吹田市から始まったトイレットペーパー買いだめ騒動が全国に広がった。新聞紙面は石油危機一色になった。ソウルに応援にきていた東京本社社会部記者が、帰国の土産に韓国産のトイレットペーパーを買って戻って行った。国会の金大中質疑も低調になった。

外相・大平正芳は政治決着から一週間後、こう答弁した。「捜査当局も主権侵害であるというきめ手になる証拠を握っていない。（中略）一方韓国は、公権力が働いたということを否定し続けている。（中略）主権侵害にかかわるという質的な転換が捜査の過程で出てくるならあらためて新たな問題として韓国側に提起しなければならないという日本の立場は留保してある」と言い、「たいへん上出来であるとも考えておりません。国際刑事事件に伴う制約下において、こういう措置で外交的な決着をつけざるを得なかった」と逃げた。

新証拠が出てきたらやりなおすという約束を留保しているというのは〝タテマエ〟で、実際は捜査は終結した、と田中角栄が大平正芳の前で金鍾泌に言い切っていたのだから、虚言と言うしかない答弁である。

大平正芳の政治指南役をもって任じた伊藤昌哉は大平正芳の死後、金大中事件と大平正芳についてこう書いている。

「当時、大平は田中首相をセーブして金大中事件につき一言も外部には喋らせず、徐々に大平ペースにひきこみ、困難なこの問題を収束させていった。（中略）暮れも押し詰まった一二月二七日、大平は『日韓（金大中事件）は大平流にこなした』と言ったという。一二月二七日といえば、ほぼ、坪山、江村が地上に浮上した日だった。後藤田の証人隠しがなければ大平流もなにも成立しなかった。伊藤昌哉は裏側の仕掛けを知りもしなかった。

山本鎮彦は、いつまでも二人を潜伏させるわけにはいかない、新聞の関心は逸れた、と判断して、「もういいよ」の指令を出したのだろう。

この問題で最後まで考え続けていたことがある。後藤田正晴、高橋幹夫は三井脩に二人の潜伏を話したのだろうか。私にはわからない。しかし、今となっては、後藤田が、かつての腹心三井脩に話したか、話さなかったかは、些末なことでしかない。

金大中という、当時は日本では無名の韓国の政治家が日本に亡命した。韓国の秘密警察がこの政治家を拉致しようと計画した。駐日ＫＣＩＡ工作員が、自衛隊を辞めて探偵社を設立した男に金大中の動向を見張ってくれと依頼した。金大中が拉致され、元自衛隊員は警察の捜査本部に出頭してすべてをしゃべった。この内容が世間に漏れたら大変だと、警察ＯＢで内閣官房副長官だった男が官房機密費を使って元自衛隊員二人を三ヶ月間地下に潜伏させた。

つづめて言えば、そういうことだ。官房副長官が警視庁の捜査本部長にそれを伝えたかどうかを詮索することは大した意味がない。

私は二〇歳代で大阪府警捜査一課（殺人、強盗、放火など）を担当した頃を思い出す。ある複数犯による殺人事件だった。捜査一課長は、全員逮捕のために一人を捕まえていることを隠し、嘘を吐いた。翌朝の会見で「レツ（共犯者）を捕まえたかった」と釈明した。私は言った。「あなたが、自分のポケットマネーで捜査しているのなら、隠そうが嘘を言おうがかまわない。あなたは税金を使って捜査している。新聞記者は税金の使い道を納税者に報せる義務がある。嘘は泥棒の始まりだ」。同じことを私はこの官房副長官に言いたかった。国民を騙すために、真実を隠すために税金を使ってもらっては困るのだ。公安捜査だからすべてが許されるわけではないと思う。

元陸幕第二部長・塚本勝一は坪山に「なぜ三ヶ月も逃げ回る必要があったのか、貴兄たちが何も悪いことはしていないと思いますので不思議に思っています。後藤田さんがこの事件の鍵を握っていると私は考えています」と書き送っている。

第四のスクープ

日本警察は金東雲のその後を知っていた

日本の横やりで金東雲、窓際に飛ばされる

金東雲が生きているのか死んだのか、生きているとすれば何処にいるのか、長い間ナゾとされてきた。韓国にはいない、米国に亡命した、いやオーストラリアだ、もう死んでいる、という話もあった。

だが、日本の警察はずっとフォローしていた。

◆三井脩・警察庁警備局長（一九七七年一〇月二〇日参議院予算委員会）

「いままで明らかになっている中心的な点は、犯行グループの一人として金東雲を割り出した、犯行に使われた車輌が劉永福のものである疑いが濃い、ということである。金東雲についてはこれ以上の証拠は必要ない。ただ本人を逮捕の上、本人の弁解、供述を聞けば足りると考えている」

質問者「それじゃ、金東雲は、今、どこにいるのか」

三井脩　「情報によれば韓国にいるというように伝えられている」
質問者　「なにをしているのか」
三井脩　「何をしているかわかりかねる」

事件から四年たっている。この時点で三井脩はやっと警察庁警備局長に栄転していた。新聞記者はこの三井発言の意味に気付かず記事にしていない。三〇余年たって意味がわかった。二〇〇七年一〇月、韓国国情院の真相調査委員会が発表した報告書で金東雲の〝事件後〟がはじめてちらっと見えた。そこには三井脩の答弁と符合する記述があった。報告書の下段に小さな活字で書かれた（注）のなかに金東雲の数奇な一生のカケラが散らばっている。

◆事件後の金東雲の動き（韓国国情院報告）

○事件発生後、日本警視庁が捜査に着手すると、金東雲を直ちに帰国するように措置。

○（注一〇四）金東雲は拉致実行に加わった後、韓国に直接帰れば逃亡したという疑いを受ける憂慮があり、香港を経由して帰国（七三年八月一〇日※事件の二日後）したが、KCIA本部から「突然消えるとかえって拉致事件に介入したという端緒を与えてしまう。早く東京に戻れ」と指示を受け、八月一七日再渡日した。日本警察庁から監視されているという不安を感じ、家族を放り出したまま再び帰国した（八月一九日）と証言。

○（注一〇五）外務部に保存されている資料により、駐日工作員の帰国日時確認。及び七三年九月八日日本共同通信本社がソウル特派員に、拉致事件に関連して駐日公館の外交官名簿を入手するよう指示したという諜報に従い、中情（※中央情報部・KCIA）八局で外交官名簿を回収したという文書を確認。

○金東雲に対する形式的な免職処理

一九七三年一一月（※第一次政治決着）韓国政府は拉致事件に関連して容疑を受けた金東雲を免職（駐日大使館派遣官）処理発表。これに続いて一九七四年一二月、中情からも退職措置をとったが、一年後に復職させた事実確認。

○（注一一五）金東雲は復職後、李哲熙次長補の指示でKCIA第八局副団長になったが、二ヶ月後、李哲熙（次長補）が金東雲を呼んで「保安（※日本の警察で言う『保秘』）はどうなっているんだ？　工作団副団長ということが日本に知られ、抗議されている」と言い、「事務室を一つやるからここを出て、そこにおれ」と言われた。苑南洞（※ソウル中心部から東南）に事務所を与えられ、職責もなく、副理事級（三級）待遇を受け、八年余勤務し八二年末退職したと証言。

事件直後の金東雲のあわてぶりがありありとうかがえる。いったん香港経由でソウルに逃げ帰ったが、KCIA本部から「東京に戻れ」と言われる。金東雲が八月一〇日羽田を出て一七日また戻ってくる間に、坪山が特捜本部ですべてを語る。日本の警察はこの坪山証言で金東雲の正体、行動を完全に把握した。羽田空港についた金東雲には尾行がついた。渋谷区神宮前の自宅に帰ったが、そこは諜報活動のプロである、自分が完全に監視下に置かれていることに気が付く。「不安を感じて」一九日、取るものもとりあえず、逃げ出す。二軒長屋の女性オーナーが「新聞に出たときは、金東雲さんも奥さんもいなくなって、子どもとお手伝いさんだけだった」と証言している。国情院報告の片隅に「家族を放り出して」と金東雲自身の証言としてあわてぶりが載っている。

国情院報告書のこのくだりを読みながら、私はぞっとした。共同通信東京外信部からの支局手配を「諜報によって」KCIAが知り、外交官名簿を回収したという。彼らの手が私たち駐在特派員の身辺に張りめぐらされていることは感じていたが、まさかそこまでとは知らなかった。

二度にわたる金大中事件の政治決着は、金東雲の扱いが焦点だった。

一九七三年一一月二日の第一次政治決着は文書がない。日韓両政府がそれぞれ「合意した」とする点を発表したが、内容に大きな差があった。日本側の発表では、金東雲について「金東雲書記官は事件に関与した嫌疑があることを認め、すでに免職した。今後、捜査を続け法に照らして処理する。時期は近いというニュアンスである」と発表した。

第二次政治決着は文書を残すことに意義があった。第一次決着で文書がないから、日韓両政府は好き勝手なことを言えたが、それは逆に、いつまでたっても本当の決着にならず、金大中事件は〝日韓のノドに刺さった骨〟であり続けた。

駐韓大使を後宮虎郎から西山昭に替えて折衝した末、政治決着をやりなおし、一九七五年七月二二日に日韓両政府は「口上書」を交換した。「口上書」というのは外交文書の形式の一つである。覚書より重く公文書より軽い。相手に一定の意思を伝える場合に使う。

第二次決着は金大中事件と、前年八月に発生した文世光の大統領狙撃事件が対になっている。韓国政府から日本政府に渡された金大中事件の口上書は、ずばり「金東雲に関する口上書」である。

一、金東雲については事件後、とりあえずその職を解き、捜査を行なったが、思わしい結果が得られず、昨年八月一四日、捜査を一時中断した。

二、その後も密かに捜査を続行したが、容疑事実を立証するにたる確証を見いだし得ず不起訴処分となった。

三、しかしながら本件捜査の結果判明した本人の東京における言動は、日本の警察当局の容疑を受けるなど、国家公務員の資質を欠き、品位にもとるものと認め、公務員としての地位を喪失させた。

金東雲の身分に関しての国情院報告書の(注)は、この政治決着のいい加減さと、それを日本側が気付いていたことを暴露している。

韓国政府は、第一次政治決着で金東雲を「駐日大使館派遣官」からはずし、第二次で「KCIA部員」からもはずしたが、一年後(一九七五年)には復職させ、昇級させていたのだ。一九九八年の東亜日報のスクープで暴露されたKCIAから大統領・朴正煕への報告書で、金東雲は「海外勤務からはずしてちゃんとしたポストに就けてくれ」と希望していたが、それはいったんは叶えられたのだ。ところが、これが日本側にバレてしまい、金東雲はせっかくつかんだKCIA第八局の海外工作団副団長のポストから追われ、職責なしの、つまり窓際の閑職で、五五歳の定年までの八年間余を過ごした。

復職、昇進がわずか二ヶ月で日本にバレたということで、日本の警察が執拗に金東雲を追跡していたことがわかる。

金東雲だけではない。金大中を運んだ龍金号も追跡している。船名を変えて日本に来たことがあるが、下関で日本警察の網にかかり、船員から事情聴取をしている。関西に駐在した公安関係幹部が、「日本の追跡をかわすため龍金号は日本海で爆破して沈めたという情報がある。もはやこの世には存在しないようだ」と私に語った。真実委の報告書では事件から五ヶ月後の一九七四年一月、船名を「唯星号」と変更、一九七八年五月、廃船・登録抹消している。私が「爆破してもうこの世には存在しない」という情報を聞いたのは、この少し後だった。龍金号の持ち主となっている鄭はKCIA部員だった。

考えてみると、日本での諜報活動も、金大中拉致工作も、KCIA工作員としての仕事だったし、昇進したことがバレたのも金東雲の責任ではない。いささかかわいそうな気もする。「金東雲は今どこにいるか」と訊かれた三井脩が「情報によれば韓国にいる」と言い切ったのは、金東雲が政治決着を無視して昇進させている情報を掴み、東京かソウルかどちらかで、警察―KCIAパイプでつついた結果、金東雲が窓際に追いやられたのだ。「日本の警察はしっかりフォローしているのだぞ」と警告したのだ。

「口上書」の「本人の東京における言動」が品位にもとるというくだりも、坪山、笠井証言を知ってみると、中味の濃いものとなる。

金東雲の「免職」については、第一次政治決着以来、日韓両政府ともいい加減だった。田中角栄・金鍾泌会談の五日後、一九七三年一一月七日、駐韓日本大使館の政務担当書記官が韓国外務部東北アジア課長に電話をかけ、「金東雲が実際に解任されたのは何日か？　解任されたというのはどういう意味か？　一等書記官から解任されたということか？　外務部からも解職されたということなのか？　現在の公式的な地位はなにか？」と問い合せている。「東京からの指示だ。今日中に答えて欲しい」と焦っている。

韓国外務部はさらにいい加減だ。日本大使館からの問い合せで、外務部と法務部、KCIAが相談して、法務部は「一〇月一五日に免職にしたことにしてくれ、現在公務員の身分は持っていると日本に言ってくれ」と言い、KCIAは「外務部から免職になったと言ってくれ。金東雲の身分は、公務員ではなく、私人であると日本に通報してくれ」と言い、それが国情院の報告書では「駐日大使館派遣官」からはずされたという表現になったのだ。第二次政治決着の後の衆議院外務委員会で、外務省アジア局長・高島益郎は「行政処分として公務員の職を剥奪されたのは一九七四年一二月三一日、実際に不起訴処分になったのは口上書を受け取る一日前の七月二一日」と説明した。野党から「第一次政治決着の一九七三年一一月二日、すでに免職になっておった人物が、今回再び、七四年一二月の末に免職になっておるというのは、いくら法律制度が異なるにせよ、奇怪至極」と質問されて混乱に輪をかけている。高島益郎という人は、外務次官から最高裁判事にまでなったが、こと金大中事件に関して言えば、しばしば嘘を吐いている。

主権侵害解決の国際慣例

金大中拉致事件は、日本の主権を侵害した事件であることは、事件発生直後から日本人よりも韓国人の方がわかっていた。あんな事件をやれるのは、「女を男に変える以外何でもできる」KCIAしかなかったからだ。

政府機関が外国から政治家を誘拐拉致して本国に連れてくるという事件は、金大中事件がはじめてではない。

モロッコの反政府指導者でパリに亡命したメディ・ベン・バルカがモロッコ政府の秘密警察によって拉致、殺害されたベン・バルカ事件はじめ、ナチのアドルフ・アイヒマンがアルゼンチンからイスラエルに拉致・連行された事件、KCIAがベルリンから反政府の作曲家や画家、学生などをソウルに連行した東ベルリン事件など枚挙にいとまがない。西独政府は被害者一七人全員の原状回復を果すなど、被害当事国は主権を守るため全力を挙げている。日本のように、事件発生から六日目、金大中がソウルの自宅に連れもどされた翌日、「主権は放棄しますよ」と相手国に通報するというバカなことをする国は、世界の外交史上例がないだろう。

駐日韓国大使館公使・尹河珽と参事官・李相振が外務省のアジア局次長・中江要介を訪ねた。

◆一九七三年八月一四日　駐日韓国大使館から外務部宛・外交文書

中江　この問題で、日韓関係に影響をおよぼしてはならない。特に国連（朝鮮問題討議）の対策を考えて、事件を拡大させない方向で収拾しなければならない。韓国政府○○機関が関係していないと絶えず明確にいうことが必要である。

金大中が拉致されたホテルグランドパレス内での目撃者の証言、犯行現場から採取した指紋の照合で、駐日韓国大使館一等書記官・金東雲が犯人の一人と断定され、さらに横浜総領事館員・劉永福の車が金大中輸送に使われたことがわかったので、日本政府は金東雲の任意出頭を求めた。

ここで主権侵害事件としての捜査は完了していたのだ。三井脩は「金東雲についてはこれ以上の証拠は必要ない」、金東雲が容疑を認めようが認めまいが、犯人であると言い切っている。「逮捕の上、弁解、供述を聞けたらいい」というのは付け足しである。逮捕しなくても金東雲が犯人であることは動かない事実だったのだ。

二〇〇八年、元外事二課長・井上幸彦が鳥越俊太郎の取材クルーに「あの事件の難しい点は、被害者である金大中さんを一度も調べることができなかった。（中略）被疑者と断定した者がいない」と歯がゆがってみせたが、井上幸彦は坪山、江村証言を聴いた外事二課長だ。ホテルグランドパレスとソウル・東橋洞を結ぶ途中経過がどうであろうと、犯人が金東雲であり、KCIAの駐日工作員であることを全部知っていたのだから、被害者、加害者の聞き取りができなかった云々は記者サービスだった。

公権力が介入した主権侵害であるとはっきりした場合、国際慣例として、①陳謝②犯人の検挙・処罰③再発防止④原状回復の四つが求められる。

金大中事件は、坪山・江村証言がなくとも主権侵害事件であることははっきりしていた。だからこそ日本政府は、事件直後は「国の内外に納得のいく解決をはかる」と外相・大平が国会でくりかえしたのだ。終わって見ると主権を放棄し、四項目の慣例のうち最も重要である原状回復、すなわち金大中の再来日を放棄してしまった。

政府の理屈は次の三つにしぼられる。

(一) なるほど金東雲の指紋が現場の遺留指紋と一致したから、犯人の一人かもわからない。だが、金東雲が国家機関の一員、KCIA工作員として犯行に加わった証拠がない。

(二) 韓国政府は、金東雲が自分はやってないと言っており、挙証責任は日本にある。

(三) 主権侵害を立証できる新たな証拠が出てきたら、あらためて主権侵害事件として外交交渉を行なう。そのための担保は留保してある。

まず（一）について、政府は主権侵害の意味がわかっていないか、わからない振りをしている。

初動捜査で警察は失敗している。それだけに事件解決に総力をあげた。公安・刑事部合同の特別捜査本部長・三井脩は「他人に土足で家の中に踏み込まれたような犯罪である」と言い、取材した中日新聞記者は「土足のくだりでクシの入ったロマンスグレーの髪がふるえ、顔に怒りが走った」と生々しく書いている。

土足で踏みにじった犯人の一人、金東雲を犯人と断定できたとき、三井だけでなく捜査員は「勝った」と思ったはずだ。それが政治決着という名の下にうやむやにされ、金東雲は犯人であるのかないのかわからなくなってしまう。

参議院予算委員会で三井脩が「金東雲についてはこれ以上の証拠は必要ない」と言い切っているのに、同じ席で国家公安委員長、つまり警察大臣・小川平二はこんなことをながながとしゃべっている

「問題がすでに外交的に決着済みでありますし、被害者あるいは重要な目撃者が国内にいないという状況でございますから、非常に捜査が困難でございますけれども、警察といたしましては、きわめて厳正な態度で証拠に基づいて事件を解明しようと努力しておるわけでございます。やっておりますることは、既存の情報の裏付けあるいは新しい情報の掘り起こし、あるいは拉致されましたルートの解明ということについて、鋭意努力を継続している状況でございま

す」

　三井脩は「いい加減にしてくれ」と怒鳴りたいところだったろう。事件はすでに解明されている。「既存の情報の裏付け」とは何を指すのか。「新しい情報の掘り起こし」というが、具体的にどんな情報を掘り起こせというのか。事件は金東雲を割ったところですべて終わっていたのだ。三井脩の「金東雲についてはこれ以上の証拠は必要ない」というのは、これ以上調べることはありません、なぜあんな政治決着をやったのか、という政府批判、外交批判だった。

政府と外務省には人権感覚がなかった

　金大中事件の資料を読み返して感じるのは日本政府・外務省の主権感覚、人権思想の欠如だ。それは挙証責任についての日本政府のとんちんかんな説明が物語る。

　外国の秘密警察が白昼、都心から日本に滞在している政治家を拉致し、船で連れ去った。誰が考えても大がかりな組織的犯行であり、この場合、韓国の秘密警察ＫＣＩＡの仕業と考えるしかなかった。犯人の一人の指紋照合にまで成功しているのだから、日本は韓国に対して国際慣例に基づいて四つの要求をしなければならなかった。

　ところが、日本外務省は韓国に対して「ＫＣＩＡの犯行ではないと明確に言い張りなさいよ」とアドバイスする。指紋が一致して、言い逃れができなくなると、犯人がＫＣＩＡであることの挙証責任は日本にあると言い出す。

外相・大平正芳は、最初は「国の内外に納得のいく解決」、国際慣例を満たす決着を掲げる。時間の経過とともに豹変して「主権侵害については、加害国（韓国）のほうで主権侵害を認める以外に結着の方法がない、成立しない」と言い出した。その結果、アジア局長・高島益郎にいたっては「政府としては、本件の解決にあたって権利として原状回復を要求したことはないし、今後も要求することはない」という。恐ろしい人たちがこの事件では外交のトップにいたと思う（いずれも一九七三年一一月八日、衆議院外務委員会）。

国際法学者は、この理屈でいけば、違法行為を行なった国が認めないかぎりいくらでも他国の権利を侵害してよいことになり、国際法の存在それ自体がまったく無意味になると明言している（田畑茂二郎京大名誉教授）。国際法学者でなくても素人の常識だろう。

中江要介は二〇〇七年、鳥越俊太郎チームのインタビューでこう語った。

「KCIAが政府機関として日本の領土内で公権力の行使をしたかどうかが、日本として第一の問題であればあるほど、それを韓国が認めるか認めないかが日本側として一番注目した。間違っても『やったんだ』ってことを言ったら大変だよと言ったんだ。（中略）外務省だけでなく日韓両方とも、主権侵害の問題になったら、これは大変だというのがあった。（中略）人権人権と言う人は、まるで、政府は人権を守るためにあるみたいで」

だから、第一次政治決着では、原状回復問題でなんとか〝イロ〟を付けなければおさまらないところまで追い込まれたとき、アジア局長・高島益郎を中心に外務省は総力をあげて奇策を編み出す。

「物理的に金大中をホテルグランドパレスの拉致された部屋・二二一〇号室までつれもどさなければならないという理論から、本人が自由意思を束縛されて連れてこられたことに問題があるのだから、自由意思の回復があれば原状回復を充足するという考えまで幅がある」

国際法上驚くべき詭弁だった。駐韓大使・後宮虎郎から韓国外務省次官に耳打ちさせ、東橋洞で自宅監禁されていた金大中を解放して記者団に会わせるという一幕を演出させた。

外相・大平正芳は「金大中の自由が回復され（中略）国際的に一応恥ずかしくない解決のめどがたち」と胸を張った。高島は、金大中の自宅監禁解除が原状回復にあたるということは「韓国の外相が記者会見で言ったと伺っているが、後宮大使がそのようなことを申した事実はまったくない」と国会で答弁している。駐韓日本大使館四階の執務室での私たち特派員一三人との懇談の席で後宮がしゃべったのにだ。高島の嘘の一つである。

「新証拠が出たらやり直す」も嘘

政治決着は、隣国がいつまでもごたごたしていてはまずい。韓国の首相が日本を訪れ陳謝し、金大中も日本には行けなかったが一応身体の自由は回復された。この辺で仲直りしよう。ただ、韓国の政府機関が事件に関与したという「新事実が出てきたらあらためて決着を見直すのですよ」ということになっていたはずだ。第一次政治決着後の政府の公式発言である。

ところが田中角栄・金鍾泌会談の冒頭、首相・田中角栄は韓国首相・金鍾泌に「捜査の進展に従って金東雲の行為に公権力が介入したことが判明した場合には、新たに問題提起をするほかないので、この点を明らかにしておく」と確認しようとする。すかさず金鍾泌が「今の話は、その通りにするということですか、それとも〝タテマエ〟(建前)として一応話しておいたということですか」と問い詰める。田中角栄は「〝タテマエ〟としてです」と言ってしまう。そのうえで田中角栄は「私と大平外相は金大中事件があったからといって、対韓基本政策を絶対に変更するような性質のものではないと主張してきました。(中略)あの人(金大中)がここに来なければいいと思います」と原状回復を否定する発言をしている(八四頁参照)。新証拠もなにもあったものではない。田中角栄が「日本以外の国であれば何処に行こうが異論はない」と考えていることは、この後も日韓外交のいくつかの場面で韓国側に伝えられている。

一九七五年七月二三、二四日訪韓して、金大中事件の第二次政治結着をはかり、「金大中事件に関する問題は日本政府としては終結したとしている」と終結宣言した外相・宮澤喜一は「当時の日本には、韓国のこととなると人権問題をとりわけ問いただす風潮がみられた。(中略)日本側には主権侵害という問題が残るとしても、金首相が来日して事実上の謝罪をしたことの重みをみとめるのが国家間の関係というものであろう」と書き残している(『戦後政治の証言』)。中江要介の「政府はまるで人権のためにあるみたい」発言と同じだ。「主権侵害の問題が残って」はならないのだ。

後藤田正晴が二人の証人に千三百万円を与えて潜伏させた理由はおおよそ解明されたと思う。

坪山、江村、二人の証言が全部出てしまうと、すなわち、金東雲がＫＣＩＡの駐日工作員であることが暴露されると、これこそ「新証拠」である。国際慣例に基づく政治結着を行なわなければならない。原状回復で金大中をホテルグランドパレスまで戻さなくてはならない。それを防ぐためには坪山、江村をマスコミの取材攻勢からかわさなければならなかった。後藤田正晴という、稀代の警察官僚にして政治家が選んだ道が、二人を潜伏させるという奇手だった。

後藤田は、坪山、江村証言の細部について首相・田中角栄にも官房長官・二階堂進にも外相・大平正芳にもしゃべっていないのではなかっただろうか。ここまで書いてきて私はそう確信している。まして二人を三ヶ月間も隠したことはしゃべっていない。

知っていたのは、高橋幹夫、山本鎮彦、中島二郎と、二人が潜伏から浮上したあとに会った外事二課の数名だったと思う。これ以上に広がっていたら、三六年間秘密は守れなかっただろう。

後藤田は晩年、「金大中事件のときはいろいろの壁があって、本当に残念だった」と書いた。「いろいろの壁」は何を指すのか、「何を残念がったのか」、これまでの取材では解明できなかった。

後藤田は金大中の原状回復に賛成だったのか反対だったのか、それがわからない。賛成だったが、田中政権のために坪山、江村を潜伏させたのか。そもそも原状回復に反対だったのか。

さらに新しい証言が欲しい。坪山、江村は「後藤田さんは潜伏の理由は言わなかったが、私たちは、私たちが知っていることが全部出てしまうと、田中角栄政権がおかしくなるという共通認識だった」と話す。金大中事件の鍵は後藤田が握って墓場へ行ってしまったのか。

第五　そして最後のスクープ

安炳旭教授、衝撃の証言

金東雲は今もソウル首都圏で生きている

金東雲追跡の終着駅はソウルだった。

二〇〇九年一〇月末、南山の麓、筆洞にある毎日経済新聞ホールで「世界過去史清算の流れと韓国の過去史整理に続く措置法案の模索」という長い長い表題の国際シンポジウムが開かれていた。金大中、盧武鉉両政権で続けてきた過去史清算作業のまとめである。仁川空港に着いた私はその足で会場へ向い、シンポジウムの主宰者、安炳旭を呼び出してもらい、翌日のインタビューの打合せをした。

金東雲に会いたい。せめて金東雲を知る人に会いたい、と何年も追跡作業を続けてきた。日本では金東雲を知る三人に会えた。韓国でもなんとかならないか。

汝矣島の国会議事堂前広場で催された金大中の国葬で、金大中がもっとも信頼していた弁護士、韓勝憲に会った。金大中政権最初の監査院長を務めた。私はこう頼んだ。

「金大中さんの遺影の下で最後の頼みです。金東雲に会えないだろうか。ダメなら金東雲から事情聴取した真実委の人を紹介してください」

韓勝憲は、「金大中事件真相究明のための市民の集い」の共同代表で、事件についてもっとも精通していた。三ヶ月後に届いた韓勝憲からの返事は、「金東雲と会うことは不可能だ。国情院の調査官も、OBを含めて難しい。真実委の委員長が会ってもいいと言ってくれたが。ただ、話はほとんどできないだろう。ソウルまで来ていただいても内容のないインタビューになる」というのだった。

私は翌朝の関空発ソウル便に乗った。

盧武鉉政権は、二〇〇四年、KCIAの後身である国情院に、独裁政権下での不可解な事件を調査する「過去事件の真実究明を通じて発展を期する会（真実委）」を設置し、金大中事件など重要事件の調査作業をすすめた。一方で、二〇〇五年一二月、独立国家機関として「真実・和解のための過去史整理委員会（真実和解委）」を設けた。これは一九一〇年にまでさかのぼり日本の植民地支配直前から軍事独裁政権までの一世紀を対象に人権侵害を調べる大がかりな作業だ。半年間で一五〇〇件を超える調査を求める申請が出ている。

名称が似ていてややこしいが、「真実委」は三年間、朴正熙、全斗煥独裁政権時代のナゾの多い事件七件を調査し、二〇〇七年一〇月、金大中事件の調査報告を発表して仕事を終えた。当初二年間の予定が一年延びたのは日本政府からの横ヤリが入ったためともっぱら噂された。

ナゾの事件とは「金大中事件」のほか、日本でも知られているのは「東ベルリン事件」「金炯旭失踪事件」「大韓航空858便爆破事件」「民青学連事件（早川太刀川事件）」などである。

安炳旭（カトリック大教授）は、「真実委」委員長の役を終えて「真実和解委」の委員長に就任した。過去史清算作業の中心に座っている人だった。

シンポジウムの翌日、安炳旭は事務所で一時間五〇分、私とのインタビューに応じた。この委員長室の広さ、立派さが、歴史に対する日本と韓国の根本的な違いを示している。時間が限られていたので、二年前の記者会見で特派員が残したメモを確認しながら質問を進めた。安炳旭は録音すること、記事にするとき名前を出すことに同意した。

「金東雲に会ったことはありますか」

安炳旭は金東雲には直接「会っていない」と答えた。予想していた通りだった。

「国情院調査委の調査の重点は、中央情報部に金大中氏を拉致したことを率直に認めさせ、どのように拉致したかを明らかにすることにあった。それ以外のことについては調査する必要はなかった。結論として、金大中氏を拉致したのは中央情報部だったこと、名前が明らかになっている金東雲は中央情報部員だったことがわかった。金東雲が日本でどういうことをしたか、ということに関心はあるが、調査の範囲にはなかった。日本がこの事件に関連してどのような情報を持っていたか、日本が金大中事件解決のために何をしたかは、われわれの調査の範囲には入っていなかった」

真実委の委員は民間人九人、国情院六人で構成され、二五人の調査員がいた。調査員の半数は民間人で、研究者、NGO、博士、弁護士らだった。委員が直接調査するのではなく、週一回集まり、調査員からの報告を見て、検討し追加調査を指示した。

金東雲らの容疑者は、一九七五年七月の第二次政治決着で明らかにされたように、韓国側は「検察が捜査し嫌疑がない、または嫌疑があっても小さい」として検察が起訴猶予・不起訴にしたから、調査委の調査は「捜査ではなかった」と調査委の設立目的を繰り返した。

「あくまで過去の真実がなんであったかを明らかにし、情報部（国情院）が独裁政権下でよくないことが多かったということを率直に認めて反省し、二度とこういうことが起らないよう国民に真実を明らかにするためにつくった組織です」

捜査機関ではないから、調査対象の人が協力して話してくれればいいが、協力しないといえば強制力はなかった、という。

韓国の多くの記者たちが金東雲に接触しようと安炳旭に猛烈にアタックしてきた。金東雲はどこにいるのか、何をしているのか、金東雲に関する情報を教えろといい、安炳旭が知らないと言うと、直接会う方法を教えろと言ってきた。「これまで韓国の記者で、金東雲に直接接触したものはいない」と断言した。

「金東雲は生きているのですね?」と念を押した。この質問のためにソウルまで来たのだ。

「ええ、生きています。われわれの調査員が会いました」

「ソウル市内にいるのですか?」

「ソウル市、そう、ソウル首都圏でしょう」

報告書には金東雲がKCIAを解職され、一年後に復職し、第八局工作団の副団長に栄進し、日本側からの抗議で窓際に追われ、八年余後に定年を迎えたと記されている。この情報は私にとって驚くべきことだった。金東雲からの事情聴取の細部を問い質した。

「このような情報は、情報部に残されていた文書のなかにありました。国情院の文書のうち、金大中拉致事件関連の文書を全部検索した結果、意味のあるものをすくい上げて報告書で提示したのです」

一九七七年一〇月、国会参議院予算委員会で警察庁警備局長・三井脩は「金東雲についてはこれ以上の証拠は必要ない。ただ本人を逮捕の上、本人の弁解、供述を聞けば足りる」と言い切っている。この三井脩の証言の内容と時期が真実委の報告でわかった金東雲の動静とぴったり合う。私がこの日安炳旭に一番訊きたかったのは、金東雲の復職について「日本の警察か、外務省か、誰が韓国に抗議したのか」という一点だった。安炳旭はこの質問をはぐらかした。

「この事件に関連して個人的な見解を申し上げるなら、ちょっと注意して言わなければならないが、事件について一番よく知っているのは日本政府です」

私は二年前の記者会見での安炳旭の発言メモを読み上げて確認を求めた。

メモには「KCIAが関与を認めなかったので日本側の捜査に限界があったか、という質問だが、それは違う。日本政府は韓国政府がやったということを韓国政府以上に知っていた。知らなかったら捜査能力を疑う。韓国が否定したので、これを口実にした。これは日本国民を騙す行為だ。日本の資料だけで十分だったのです」とある。

安炳旭は「その通りです」と確認しさらに補足した。この証言は日本政府、外務省が主権放棄で仕組んだ〝カラクリ〟を暴露している。

「政治決着するには日本政府なりの論理が必要でした。韓国政府が関与してないというから、それ以上は捜査しない、という論理です。二〇〇六年に公表された外交文書に出ているが、第一次政治決着での田中角栄・金鍾泌会談で田中角栄総理は、『ＫＣＩＡの関与がわかったら再捜査する』と言ったが、金鍾泌総理が『その通りにするのか、建前か』と訊いたら、田中は『建前』と答えている」

安炳旭の話を聞きながら、私は日本外務省が事件発生と同時に「韓国政府機関が関係していないと絶えず明確に言え」と韓国側に伝えたことに始まる一連の主権放棄は、韓国に頼まれてやったというのではなく、日本政府、外務省として「やらなければならなかった」事情があったのではないか、と考えはじめていた。

もちろん安炳旭は私が欲しがっている金東雲の情報を持っているはずだ。その片鱗がちらっとのぞいたのは、彼がこんな質問をしたからだ。

毎日新聞が一九七八年に出した『金大中事件全貌』の中で金東雲の長男が米国に留学してい

た、という記述がある。安炳旭は「長男は米国で何をしていますか」と私に訊いてきた。もちろん私は知らない。「その息子が米国で、たいそう高い地位についているという話がある。もし知っていたら教えて欲しいと思って。〝高い地位云々〟はまったく信頼できない情報ですが」ともらした。

真実委の調査を妨害した日本外務省

続く安炳旭の証言は私を驚かせた。

「われわれがこの調査をしたとき、一番神経をとがらせ、一番反対したのは日本政府でした。この調査で国情院が過去の恥部をさらけ出して反省しようとしているのに、その国情院よりもっと反対したのが日本政府です。韓国内の事件を起したものは真相が表にでることに反対したが、それよりもっと日本政府の方が反対したのです。なぜ日本政府があれほど反対したのか、今も非常に疑問を感じています」

「二〇〇四年から二〇〇七年にかけての真実委の調査段階で、日本の外交官がわれわれの外交官に会う度に、何ヶ月かに一回は、この調査を中断してくれ、この調査を続けると韓日間の外交関係に深刻な問題をもたらす。日本の世論がだまっていないし、いくつかの措置をしなければならない、金大中前大統領まで呼んで調査するというのはいかがなものか、と言いました。潘基文氏が、二〇〇六年、国連事務総長に立候補しましたね。私がこんなことまで言っていいのかどうか、潘基文氏支持をお願いするためにわれわれの特使が日本外務省を訪問したとき、日本外務省の官吏は事務総長選そっちのけで金大中事件の調査を取り上げました。ニューヨークの国連でも、日本の外交官が、金大中事件の調査で非常に困っている、と言ったという。これは、私が見るところ、単純な日本の〝意見〟の開陳ではなく、日本政府の積極的な〝妨害〟だった。この事件に関係した中央情報部の人たちを呼んで調査しました。元KCIA職員は調査にたいする不満は吐露しましたが、日本政府のようにしつこく反対はしませんでした。なぜそんなに日本政府が反対したのでしょうか、あなたにお訊ねしたい」

真実委の作業が最終段階で予定より一年も遅れたとき、ソウルから伝わってきた情報は、韓国内で公表に反対する力があるということだった。日本政府も難色を示しているという噂もあったが、安炳旭の話は、遅れたのは日本のせいであり、〝妨害〟だったという。なぜ日本はそこまで反対したのか。

「あれほど執拗に反対したのに、調査結果が出たとき、日本政府はこの調査結果を前にして積極的に問題提起をしなかった。何も言ってこなかった。それは、日本は何か心配していたが、それが報告書の中に入っていなかったので、安心したのではないか。結果的にわれわれの調査が、日本の予想していたような内容にいたらなかったのではないか。日本は知っていたのです。すべてのことを把握していた。日本が知っていることが表にでると自分たち（日本）にとって不利なこと、自衛隊員が関連しているとか、明らかになると非常に困ること、それがわれわれの調査で暴露されるのではないかと憂慮していた。われわれの調査で、日本が知っていることを明らかにすることはできなかった。なぜかというと、日本政府相手に調査できなかったし、韓国中央情報部にはそんな文書はありませんでした。七〇年代の韓国中央情報部はでたらめで、アバウトだった。当時の韓国の情報部の実力はいい加減だったから、日本政府の緻密な動きを把握できていなかった。だから現在文書も残っていないし、生きている人も行動を吐露しませんでした。日本の警察の担当部署、警視庁公安部ですか外事二課ですか、そこには事件に関連した非常に微妙な秘密の文書が保存されていると考えています。それが後日公開されると、われわれの今回の調査がひどくいい加減でアバウトなものになってしまい、恥ずかしい思いをするのではないかとさえ思います」

「われわれにとっては、尹鎮遠（工作団長）と金東雲は当時中央情報部の指示を受けて金大中氏を拉致した、それだけ確認されればいい訳で、それ以外はあなたが警視庁を取材して、資料を見たら教えてください」

日本政府は韓国以上にすべてを知っていたし、その資料は警視庁公安部のロッカーのなかにあるだろう、というのだ。

真実委は、金大中事件の調査発表の際、「国情院の発表は国情院の公式の立場、最終結論である」と説明した。国情院は政府機関そのものである。その調査を日本政府が妨害したという。この告発に日本政府は公式に理由を説明しなければならないだろう。

安炳旭とのインタビュー内容を整理したところで、私は捜査本部の中枢にいた幹部Yに面接を求める手紙を出した。返事が来ないまま年を越した。諦めかけたところに、年初、断りの返事がきた。

「警視庁外事二課では現在でも捜査を続けております。すでにOBの一人である小生のような立場の者が〝事件〟についてどのような角度からであれ、お話しできる事情にはないことを、どうかご理解願います」といい、「なお、さきに韓国側（真実委）が発表した文書についてですが、どのような判断からあの時点で、あのような文書がだされたのか測りかねております。私見ですが、〝事件〟の解明捜査という点からは格別参考になる点はなかった・・・とだけ申し上げておきます。これ以上は一切お話できません」と終わっていた。私はこの返事、〝私見〟に満足した。元幹部Yは安炳旭教授の発言をはっきり認めていたからだ。「特別参考にはならない」」、日本政府は全部知っていると言っているのだ。

ＫＣＩＡの実力はおそまつだった。安炳旭の話を聞きながら、そうだったのか、と腑におちたことがある。

現場に指紋を残す、横浜総領事館員の名前で登録された車で金大中を運ぶ、現場には背嚢やロープやピストルの弾倉、睡眠薬のビンが散乱している。ＫＣＩＡの仕業にしてはおそまつ過ぎる。ほんとうに工作員がやったのか、と疑問に思ったものだ。安炳旭は「七〇年代、韓国の情報部はでたらめだった」と繰り返した。

ソウルの月刊誌『新東亜』二〇〇七年三月号で黄イルド記者がおもしろい記事を書いている。一九六一年にKCIAが創設されたとき、人手不足で陸軍諜報部隊（HID）出身者を大量に迎え入れ、海外工作に使った。彼らは三八度線で短期工作（対北浸透作戦）にたずさわったものたちだった。「身体に染みついた〝手荒なやり方〟がつい出てしまい、本来スマートさを要求されるはずの外交の仕事で、日韓関係をがたがたにする導火線となった」。金大中拉致事件で、作戦のトップにいた次長補・李哲熙、八局長・河泰俊、工作団長・尹鎮遠、そして肝心の金東雲、彼らはすべてHID出身者だったという。現場にいた行動隊六人のうち工作団長尹と金東雲の他にも洪性採、柳忠国もHID出身だった。

日本のことを一番知っているという理由で、金大中工作計画の立案を任された金東雲の計画も、そういう目でみるとひどいものだ。第一案は、ヤクザを使って拉致し、パウチ（外交郵袋）でソウルに送る。第二案は、同じくヤクザを使って消してしまう、というものだった、と尹が証言している。もちろん、羽田でばれるだろうし、ヤクザを使えばあっという間に発覚してしまう。二案とも却下されたが、乱暴きわまりない話というかシロウトっぽい。

残された二つの疑問①飛行機は飛んできたか

金大中は東京から拉致されソウルに連行された夜からこれまで一貫して「船上で体に重しをつけられ海中に投げ込まれて水葬されそうになったとき、飛行機が飛んできて助かった」と証言してきた。これに対して、どこの飛行機だったのか、そもそも飛行機は飛んできたのか、という疑問は解決されていない。

二〇〇七年三月、鳥越俊太郎を案内して東橋洞で金大中のインタビューをした際、最期のチャンスだと思い確かめた。金大中と二人だけの時は、存外、訊きにくいものだ。金大中と私のやりとりは、昔から日本語だった。

古野　先生を助けたのは日本政府ですか米国政府ですか。

金大中　情報を渡したのは米国、助けたのは日本です。

古野　誰に聞いたのですか。

金大中　グレッグです。（事件当時の米ＣＩＡソウル責任者、後に駐韓大使）

古野　日本は具体的にどういう形で。

金大中　自衛隊機がやったと思います。

古野　飛行機は自衛隊機だったというのですか。

金大中　（頷く）

古野　グレッグに直接聞いたのですか。

金大中　そうです。

真実委の報告書は、飛行機飛来については疑問符付きだった。否定に近いニュアンスだ。安炳旭は私に「グレッグの話は嘘です」ときっぱり否定した。安炳旭は金大中拉致事件の核心部分を詳細に説明した。要約するとこうだ。

ＫＣＩＡの計画は当初、金大中を殺害しようというものだった。金東雲が作成した計画書では日本のヤクザを使って金大中を誘拐し消してしまうことになっていた。だが、金東雲の計画はずさんででたらめだった。そこでＫＣＩＡ第八局の工作団長・尹鎮遠が日本に派遣され、尹は殺害計画を、本国への強制送還、単純な拉致計画に変更した、と説明した。

「尹鎮遠が介入して計画が変更された。ホテルで殺害するなど考えられない。殺害現場に残されたリュック、ロープなどは殺害の準備をしたように見せかけただけだ。龍金号の船員から話を聞いたが、金大中氏の主張するように身体に重しをつけたとか、飛行機が飛んできたなどは否定した。船底にいた金大中氏が、船のエンジン音のなかで飛行機の音を聴けるわけはない。私は良心と常識で違うと考える」

この推論の証拠として、安炳旭は報告書にない話をした。

「尹鎮遠は事前に龍金号を日本に送っておいたが、これは工作に失敗したとき脱出するための準備で、結果的にこれに金大中氏を乗せた。尹鎮遠は金大中氏を本国に送ったあと、自身は帰国しようとしなかった。当初目的の殺害計画を実行しなかったので、帰国すると問責を受けると心配したのだ。帰国を促したが従わないため、ＫＣＩＡ本部では、尹鎮遠の亡命を心配した。八局長・河泰俊があの難しい時期にわざわざ渡日し『本国送還で成功だったのだ、問責はされない』と説得し、台湾経由でようやくソウルに連れて帰った」

龍金号に乗せる段階では殺害計画はなくなっていたとすれば、船から海中に放り込んで殺害することもないし、救助のための飛行機が飛んでくることもない。

金大中救助については諸説あるが、後藤田正晴のコメントはおもしろい。

「結局、アメリカが追跡していて、拉致グループに強力な警告を発したんだな。そのような関係で金大中さんは海中に沈められなかった。重石をつけて沈められたら、終りなんだけどね」「ともかくあの事件では、金大中さんの命が永らえたのはアメリカのおかげだと言えるだろうな。日本側の情報とは別に、アメリカも情報を得ていた、ということだろうね。防衛庁の中に調査機関があるんですよ。それが情報を集めていた、という話もあるな」

もはや後藤田から解説を聞くわけにはいかないが、私は警察の捜査資料の中に金大中の命が助かった真相が入っていると思っている。

安炳旭は報告書を東橋洞の金大中宅まで運んだ。目を通した金大中は、殺害計画と飛行機の飛来を認めないこの報告書に同意しなかった。金大中は、殺されそうになり、飛行機が飛んできて助かった、という主張を変えなかった。

「尹鎮遠と金東雲に、金大中氏への謝罪文を書かせましてね、金大中氏と三人で謝罪と和解の席をと考えていたのです。だが、金大中氏が報告書を認めないので、謝罪は行なわれないままになった。残念でした。謝罪文は今も国情院に残っています」

金大中の一貫した証言はなんだったのか。なぜグレッグは金大中氏に嘘をついたのか。

「拉致という怖ろしい状況のなかで死を覚悟していた金大中氏は、助かって韓国に戻り、なぜ助かったのか、と考えたでしょう。そこでイエス・キリストが現われ、飛行機が飛んできて助かった、と思い、一度そう言ったから変更することができなかったのです。グレッグは自慢したくて、自分の体面を保つために話したのです」

飛行機の問題に続いて金東雲についても「でたらめ」「緻密でない」という言葉が頻出した。金東雲と一緒に渡日してからは、事件を主導したのは尹鎮遠だったという説明だった。報告書を読んで、この二人の証言が真実委調査の中心だと考えていたが、安炳旭は「尹鎮遠はいままでも金東雲を信頼していませんよ」とまで話した。

残された二つの疑問②田中角栄の三億円疑惑

第一次政治決着直後からソウルでは、日本の首相・田中角栄が金大中事件の政治決着のために朴正熙から三億円受け取ったという噂が広がった。政治決着から何日もたたない朝、朝鮮日報の政治部長は「古野さん、田中角栄さんは朴さんから三億円もらいましたね。金鍾泌さんに金大中を日本に送らないように頼みましたね」と言った。その時点では「田中角栄・金鍾泌会談」の中味を知るよしもない。まさか会談で田中角栄が金大中は来て欲しくないと言ったとは夢にも考えられなかった。私は、まさか日本の首相がこんな国際的な事件で金をもらって政治決着を図るとは考えられず、全面否定し、その後も噂を耳にする度に否定して回った。

一九七六年三月、帰任した私は急性肝炎を発症して三ヶ月間入院した。快復したところで大阪府警外事課長を訪ねた。ソウルの土産話の一つとして三億円の噂話をした。外事課長は、なんと「日本の警察は調べていますよ。箱根会談と状況がぴったり合うんですね」と言う。私は驚愕した。この外事課長はしばらくして駐韓日本大使館の一等書記官になり、警察のトップまで上り詰めたが、若死にしてしまった。

箱根会談は拉致事件後、箱根の富士谷ホテルで田中角栄が国際興業社主・小佐野賢治、丸紅社長・檜山廣、大韓航空社長・趙重勲と会ったことを指す。ロッキード事件のからみで国会で明らかにされている。

『金大中事件全貌』の取材で、第二次政治決着の中心にいた駐韓日本大使館の参事官と赤坂で会って「角さんの三億円、どう思う?」と質した。彼はこんなエピソードを語った。

「角さんの刎頸の友、小佐野賢治はしょっちゅうソウルに来ていた。趙重勲の家に行くとき何度もお伴をした。趙重勲は小佐野を〝兄さん〟と呼んでいたなあ。ロッキードと違って、金大中事件で金が動いていたとしても、趙重勲―小佐野ラインだったら立証は無理だろうな。米国人は領収証がなければ気が済まず〝ピーナツ〟何個と書いたが、こちらはそんな文化じゃないからね」

真実委の報告書は、在米韓国人ジャーナリスト・文明子がソウルの月刊誌『マル』(九四年二月号)に「七三年一〇月、大韓航空社長・趙重勲がニューヨークに来た時、〝朴大統領の頼みで小佐野を通じて田中首相に会い、金大中事件を解決した〞と自慢した事実があり、当時米国務省韓国課長から韓国政府が日本側に三億円を提供したことを確認してもらったという。〝七三年八月一五日趙重勲が青瓦台を訪れ、朴大統領に会った後、八月一六日〜九月二一日の間に三億円を渡した〞と書いているが、『大統領儀典日誌』で確認したところ、七三年八月一七日、朴大統領が趙重勲を接見した事実がある。このような主張が全く根拠がないとはいえないという推論が可能」と書いている。

青瓦台に大統領を訪問した人の記録が残されていたのには私も驚いた。「三億円疑惑」だけでなく真実委はこの『大統領儀典日誌』を証拠として随所で使っている。安炳旭はこれまでも「面会記録を見ると拉致事件直後に趙重勲が大統領を訪問しており、文明子がこの『大統領儀典日誌』をみたとは思えないので、根拠がないわけではない。われわれは否定することも確認することもできない」と報告している。この日のインタビューで私は三億円についての安炳旭の考えを確認した。

「(三億円が渡ったことは)事実だと思っています。当時、韓国政府や田中角栄はお金ですべての政治をする、汚い政治でしたから」と答えた。

ソウルの噂がどれほど広まっていたかは、駐韓日本大使・後宮虎郎が「公電で打っておいた」と後日語ったことからも理解できるだろう。外務省にはこの公電が残っていないだろうか。三七年たって、国情院真実委の委員長が「事実だと思う」と言っているのだ。

日本の敗戦、韓国にとっては光復・独立の後、妙な日本ブームが起ったという。植民地時代の日本人はサバサバ（袖の下）を取らなかった、商売人はツリ（釣り銭）をごまかさなかった、という。日本人は悪いが、言ったことは守る、という印象を持たれていたのだ。

金大中事件で日本の外相は「内外に恥ずかしくない解決を図る」と言い続けていた。ソウルの新聞社の論説委員は、「（暴走する）朴さんにお灸をすえてもらうのにちょうどいい」と日本のきちんとした事件処理に期待していた。ところが蓋を開けてみると金大中を見殺しにする政治決着だった。何かがあるに違いない。それがソウルの三億円の噂の背景だった。

しかも三三年後に外交文書が公開されてみると、この噂の核心である「田中角栄が、金大中を日本に寄越さないでくれと言った」のは事実だとわかった。韓国では日本の首相は金大中事件に関して大統領から三億円もらって事件の隠蔽に荷担した、と今でも信じられている。これこそ問題なのだ。日本政府、外務省は、真実委報告が出た段階で黒白をつけるべきだったし、日本のマスコミは取り上げなければならなかったのだ。今でも遅くない、日本の名誉のためにはっきりさせて欲しい。韓国人は、ソウルの街を歩く日本人の背中に、あの噂を見ているのだ。

まさか！本当か！日本の言論人がＫＣＩＡの手引きをした？

インタビューを終えようとしたとき、安炳旭は〝怖ろしい話〟を始めた。事件を追って三七年、一度も予想さえしなかった話だ。やりとりを正確に書く。

「報告書からは消したのですが、古野先生もご存じの人で、拉致事件で韓国中央情報部や日本の公安に協力した人がいました」

「政治家ですか？」

「政治家ではありません。言論人たちです。金大中氏が一番弱いのは、言論人でした。言論人に自分の立場を説明しなければならなかった。だから記者が会いましょうと言えばいつでも会った。日本国内で金大中氏がこれからしなければならないこと、しようとしていることを一番正確に知っていたのは記者たちでした。その人たちが韓国中央情報部と日本の公安を手引きしました」

「ミドゥルスガ　オプスムニダ（信じられません）」と私は言った。

「古野先生はそうおっしゃいますが、一種の中間介入者、ブローカーですね。全部言論人でした。これ以上は申し上げられません。このことはマスコミの人には、まったくはじめて話しました」

一瞬、立眩みしそうなほどの驚きだった。言論人、それも私が知っているほどの有名な人。安炳旭は日本人の政治家や言論人の名前に通じているようではなかった。別れ際に「後藤田正晴という人をご存じですか」と訊ねると、「知りません、言論人ですか」と言った。「政治家です」と説明すると、クビを振った。

誰だろう。彼が「古野さんも知っている言論人」という人の姿がとっさに思い浮かばなかった。ヒントは「日本と韓国の言論人」、複数形（ドゥル）を使っていること。私は安炳旭は一人かせいぜい二、三人のジャーナリストを頭に置いて話していると思った。複数でも、それほど多くの言論人がそんなことをするとは考えられない。韓国語では、丁寧な表現でしばしば複数を使う。

この本に登場した言論人は、ミリオン資料サービスの坪山が銀座第一ホテルで金大中とのインタビューをセットしてもらったI記者だけだ。安炳旭は坪山の名前も知らなかった。I記者を「古野さんも知っている言論人」というはずはない。

私はこれまで金大中拉致事件では、政府、外務省を批判してきた。だが、安炳旭と別れた後、仁川空港から関空行きの機上で、マスメディアはいったい何をしてきたかを考え続けた。事件発生でわっと騒ぎ、あのひどい政治決着の後、一行も書かない新聞はいったいなんだったのか、という思いだった。日本の新聞協会は、調査団を送って真相を調べる必要はないだろうか、いや、日本のマスコミは動かないだろうな、無視するだろうな、と憮然とした気持ちで玄界灘を越えた。

【資料】

真実委報告書――重要疑惑事件編（Ⅱ）――金大中拉致事件真実究明

Ⅳ　結論及び意見

1．結論

□「真実委」はその間、真相が隠蔽されたまま疑惑に包まれ社会の論難を引き起してきた「金大中拉致事件」を調査した結果、

○事件発生後三〇余年が過ぎたため関係者たちの記憶が明確でなく陳述に不確実な場合もあった。

―工作計画書を作成、決裁した李哲熙、尹鎮遠団長、金東雲などの証言内容が食い違って特定することが難しい部分があり、

―事件の核となる資料である「KT工作計画書」を発見できず疑惑の事項究明にあるていど限界があった、

○中情（中央情報部）八局と駐日派遣官の間の送受信電文内容が保存されており、核心的な事実関係を確認することができ、特に拉致事件に関与した元中情要員（一一名）と龍金号船員

（四名）を含む全部で一八名に対する面談調査を通じ事件の実体を究明、大きな助けとなった。
□本委員会の調査結果を疑惑事項別に整理すると次の通りである。
○「金大中拉致事件」は当時の中情部長李厚洛の指示により八局工作団が主導、駐日派遣官と龍金号船員たちを動員してしたという事実、また拉致過程を通じて被害者に加えられた危害行為だけでなく、事件発生以後、政府（中情）の組織的真相隠蔽の実体も明白に確認された。
○朴正熙大統領の指示があったかどうかに対しては、いろいろの証言が食い違い、これを確認する直接的な証言資料は発見できなかった。
―当時、朴正熙一人を中心とした超権威主義体制で、李厚洛部長が李哲熙の反対に遭うと「俺がやりたくてやると思うのか」と、怒ったことがあり、金在権公使が「朴大統領の決裁を確認するまで工作は実行できない」と言い張ったうえで積極的に協力したという状況と、合わせて、
―拉致工作が進行中であった七三年七月二七日金大中の反維新活動事項を総合した内容が朴大統領に直接報告されたとき、工作進行と関連した状況も含まれていた蓋然性が高く、
―朴大統領が事件発生後関連者たちを処罰せず、かえって保護し、金鍾泌総理を派遣し日本との摩擦を収拾するようにした
ことなどを総合、分析してみると、朴大統領が直接指示した可能性とともに、少なくとも黙示

的な承認はあったと見なければならない。
○拉致工作の具体的な目標として殺害計画が推進された根拠として、
―初期工作計画樹立当時、ヤクザを動員して暗殺するという方案と、拉致後、外交行嚢便で搬入する計画が論議されたという関係者の陳述に基づき、工作目標に殺害案が含まれていた可能性があり、

―拉致現場に拳銃と大型背嚢およびロープを持参し、龍金号では七星板（棺の底に敷く薄い板）に体をしばりつけた行為は、とりあえず殺害する場合に備えた証拠であると見ることができ、

―龍金号を国内への移送手段用として準備したという主張は、大阪港に到着する以前にすでに拉致実行作業が進行していたという点を説明することができないし、

―尹団長が金大中を龍金号に引き継いだ後、すぐ帰国せず河八局長が日本に来て帰国をうながすまで遅れた理由が不明確である点
など暗殺計画が下達され、ある段階まで進んだが、目撃者が出たことなど状況変化により実行が中止され、現地工作官の判断にしたがって殺害計画を放棄し単純な拉致に変更された可能性も排除できない。

―実際は、拉致の過程でバラバラ殺人、殺害して埋める、または海中に投棄して水葬にするなどの直接的行動はなかったという事実、

—工作期間が短期間であったというだけでなく、多数の中情要員および龍金号船員があらゆる段階で動員されて拉致工作が実行されたことは、秘密漏洩の危険性が高い点から殺害工作とは論理的に合わず

—また、拉致実行が差し迫った状況であったにもかかわらず、金大中が自分の意志で帰国するように説得し、合わせて「金大中動向報告再強調」指針が下達された点は、単純な拉致計画が確定したこととの反証資料であると評価される

など、単純な拉致計画に対するさまざまな根拠が提示されており、これらを総合するとき、少なくとも龍金号が大阪港に到着した以後か、ホテルから拉致した以後には単純拉致計画が確定され実行されたと判断される。

○韓日両国政府の拉致事件処理過程を検討してみると、

—韓国政府は「特別捜査本部」を設置したが、形式的捜査によって真相を糊塗し、日本を外交的な交渉を通じてなだめようとし、

—日本政府は結局、七五年七月、金東雲の不起訴処分で、これを容認し実質的には捜査を終結し韓国に協力したという事実、

など両国政府がそろって事件の真相隠蔽に関与するという間違いを犯した。

2．委員会の意見

○まず被害者金大中元大統領が拉致および真相隠蔽で被った生命の危険と人権蹂躙に対して、政府の公式の謝罪と同時に必要な名誉回復措置がなされなければならない。
○中情職員たちは組織体系上、上部の命令に従うしかなかったといっても、拉致工作に荷担した彼らの行為は弁明の余地のない間違った行為であった。しかし、彼らは面談過程で正直な証言と同時に被害者に対する衷心からの謝罪の気持ちを伝え、特に現地工作責任者だった尹鎮遠および駐日派遣官金東雲は関係者を代表して被害者に対する謝罪文を書面で作成し本委員会に提出した。
　金大中元大統領は、すでにマスコミとのインタビューで何度も、事件に関与した中情職員たちを赦すという気持ちを明らかにしてきている。これは加害者の公式の謝罪と関係なく被害者が赦しの意志を明らかにしたと理解できる。本委員会は調査の結果を公開し〝元中情職員は金大中元大統領に拉致で被った苦痛に対して衷心からお詫びの気持ちを述べた〟ことを公式に伝達し、これでほんとうの赦しと和解の場がととのい、過去の傷が治癒される契機となることを期待する。
○そして、当時韓国政府は朴大統領が田中首相に親書を伝達し、拉致事件に対して遺憾の意を表明しているが、本委員会は今回の真相究明作業を契機に国情院の前身である中情が日本国内で拉致行為を働いた事実を確認し、これに対してもう一度深い遺憾の意を述べる。
—日本政府もまた韓国の公権力介入の事実を知り得たにもかかわらず外交的に事件を解決す

ることに合意してやり、結局事件発生初期に真相が究明できないという結果を招いた責任に対して本委員会は遺憾を表明しないわけにはいかない。

—従って本委員会が三〇余年が過ぎても解決できないまま残されていた拉致事件にたいして真実究明作業を行なったことは、未来志向的韓日関係の定立のためにきわめて重要な意味があるという点で、日本当局も認識を同じくするよう期待する。
○合わせて国情院は、過去の権威主義政権下で犯した政治工作などの間違いに対して、率直に反省し、これを教訓として国家の中枢的で信頼のおける情報機関としての任務を忠実に行なっていく決意を、もう一度誓う機会とすることを望む。

あとがき

日本政府にやって欲しいこと

金大中事件に関係した人が次々に死んでいく。

韓国では、朴正熙大統領が早々と一九七九年一〇月、側近の中央情報部長・金載圭の凶弾に倒れた。二〇〇九年八月金大中が、一〇月李厚洛が死んだ。

日本では政治決着にかかわった首相田中角栄、外相大平正芳、同宮澤喜一、外務省アジア局長高島益郎、駐韓日本大使後宮虎郎、同西山昭、内閣官房副長官後藤田正晴、警察庁長官高橋幹夫、警視庁公安部長三井脩（事件発生当時の肩書き）らが、すでに鬼籍に入っている。

「もういいじゃないか」という声が聞こえてくる。刑事訴訟法では時効は中断しているが、「政治的には時効はとっくに完成しているよ」と政治評論をやっている先輩が言った。政治的時効、わかったようでわからない。それでいいのだろうか。日本政府、外務省、警察はそれでよしとするのだろうか。

私は三七年間、金大中事件の秘密を追ってきた。主題は主権放棄である。前作『金大中事件の政治決着——主権放棄した日本政府』は、韓国政府の日韓外交文書公開を機会に、外交交渉を縦糸にして事件を考えてみた。今回の続編『金大中事件最後のスクープ』では、韓国国情院（KCIA）が自らの手で真相を究明しようとした真実委の調査報告を読み解いて、政治決着のカラクリを描いてみようと考えた。縦軸に金東雲を置いてみた。

取材を始めたときには思いもよらない隠された真相に、肝を奪われる思いの連続だった。後藤田正晴という人に私はかねて尊敬の念すら覚えていた。警察のトップから官僚のトップ、さらに政治家として副総理まで務めた。その経歴だけではない。彼の考えの底に反戦があり、憲法改正反対をみたからだ。その人が、実は金大中事件の政治決着の黒幕だったという事実は容易に信じられなかった。

スクープを追って最期はソウルを訪れたが、そこでは日本を代表する言論人が、KCIAに金大中を「手引き」したという、肌が泡立つような怖ろしい情報が待っていた。金大中事件はまだまだ終わっているどころではない。今も生きている。後藤田が無理矢理閉じてしまおうとしたパンドラの箱は開いてはいない。日本政府は、なぜ事件を終ったことにしたいのか。

日本政府がやらなければならないことは、少なくとも二つある。

まず刑事事件としてケリをつけなければならない。日本の刑事訴訟法第二五五条では「犯人が国外で逃げ隠れしている期間、時効の進行は停止する」と定めている。金大中事件の中心人物、ＫＣＩＡ第八局の工作団長で拉致事件の現場指揮者だった尹鎮遠と、拉致犯人の一人、ＫＣＩＡ駐日派遣工作員の金東雲は事件後韓国に逃亡し、現在も韓国に生存している。韓国国情院、つまり韓国政府は二人がＫＣＩＡからの指示で事件に関与したと認めている。

国情院真実委の調査報告書が出た二〇〇七年一〇月、衆議院法務委員会で保阪展人の質問に警察庁警備局長・池田克彦は「真相解明に向けて捜査している」と答えた。犯行現場を抱える東京都議会では民主党都議・田中良（現都議会議長）が事件を再捜査せよとせまった。警視庁公安部長・植松信一は金東雲の公訴時効は完成していないという判断をしめし、警視総監・矢代隆義は「鋭意捜査してきた。韓国国情院の発表もあったので警察庁を通じて日韓両国間の刑事捜査共助条約に基づき共助要請を行なった」と答えている。それからすでに二年半たった。被害者も加害者のトップも死んだというのに、捜査の答えはまだ出ていない（肩書きは当時）。

かって三井脩は「金東雲についてはこれ以上の証拠は必要ない」と言い、韓国国情院真実委の委員長は「日本は韓国以上にすべてを知っている」と言い切っている。共助要請など必要ないのだ。日本政府、警視庁が真相を公開すればいいのだ。「生きている」事件を終りにしようというのなら、日本政府はその理由をきちんと国内外にしめさなければならない。

二番目にやらなければならないことは、「政治決着の見直し」作業である。拉致事件は公権力によって行なわれたことを韓国政府が認め、日本側でも元自衛隊員の証言から公権力の介入を日本政府が事件直後から知っていたことが暴露されたのだから、当然のことである。

主権が侵害されたときの国際慣例のうちもっとも重要な「原状回復」、金大中来日については、金大中が大統領就任後、国賓として訪日しており、残念ながら二〇〇九年八月死亡したことで、実体的な意味が消滅してしまった。残るのは、国家として韓国が日本に「陳謝」することだ。第一次政治決着で、首相・金鍾泌が田中角栄に陳謝したとされるが、これは「韓国人がお騒がせしました」ということで主権侵害に対する陳謝ではなかった。日本政府は、主権侵害はなかった、はっきりしなかったから主権侵害に基づく措置を求めていないという立場をとり続けたのだから、あらためての陳謝が当然必要だ。

国情院報告を受け、外務副大臣が駐日韓国大使に遺憾の意を表明し、駐日韓国大使が外相に陳謝の意を表明した、これで「韓国政府によるわが国の主権侵害の問題は処理された」という政府判断でことはすむのだろうか。日本政府は、主権をその程度のものと考えているのだろうか。日本の警察の捜査で解明された結果としての政治決着の見直しが必要である。

外交文書を公開せよ

日本政府は一九七六年以来、原則として三〇年を経過した外交文書を公開することにしている。しかし、何を公開するかは政府・外務省の恣意にまかされ、欲しい文書はほとんど出てこない。研究者は米国国立公文書館(NARA = National Archives and Records Administration)に頼らざるをえない。韓国は独裁政権が終焉し民主政権下で顕著に外交文書の公開作業を進めている。インターネット社会化した韓国では、三〇年に限定せず、過去に公開を手控えた資料もどしどし公開している。

金大中事件に関して言えば、政治決着の欺瞞を暴露した「田中角栄・金鍾泌会談」の公表は意味が大きい。

金大中事件を永年追跡してきた一記者として私は新政権にお願いしたい。日本が世界で尊敬されるためには、歴史を大切にすることから始めなければならない。アジアについて戦前の日本の行為をきちんと清算することから始まって、私たちの時代の事件についても、国民レベルで正しい理解を持たねばならないと思う。過去史を清算しようという韓国の金大中事件調査を、外務省あげて妨害するなど言語道断の行為といわねばならない。この金大中事件しかり、日米核密約問題しかり、闇に葬ってきたたくさんの恥部を、勇気をもってさらけ出し、公開して欲しいのだ。

もし、金大中事件をきちんと処理しておれば、金大中父子の不幸もなかっただろうし、東京都議会議長・田中良が都議会で指摘したように、あの北朝鮮による忌まわしい一連の拉致事件も起らなかったのではないだろうか。

前著に続いて今回も原稿執筆から出版まで畏友川瀬俊治さんのお力添えを頂いた。東方出版に心からの感謝を言いたい。

日韓併合から百年　二〇一〇年春

愧愚　古野喜政

【参考文献】

『金大中事件全貌』（毎日新聞社編）
『全報告金大中事件』（金大中事件真相調査委員会編、ほるぷ出版）
『過去と対話　未来の省察―重要疑惑事件編（Ⅱ）―』（韓国国家情報院報告、韓国語）
『文献・証言・資料　金大中事件の真相』（金大中先生拉致事件真相究明のための市民の集い編、韓国語）
『金大中事件の政治決着――主権放棄した日本政府』（古野喜政著、東方出版）
『自衛隊の情報戦――陸幕第二部長の回想』（塚本勝一著、草思社）
『自衛隊「影の部隊」情報戦秘録』（松本重夫著、アスペクト）
『支える動かす――私の履歴書』（後藤田正晴著、日本経済新聞社）
『情と理――後藤田正晴回顧録　上下』（後藤田正晴述、インタビュア：御厨貴、講談社、『情と理――カミソリ後藤田回顧録　上下』として講談社＋α文庫に収録）
『後藤田正晴――異色官僚政治家の軌跡』（保阪正康著、文春文庫）
『警察庁長官の戦後史』（鈴木卓郎著、ビジネス社）
『私の後藤田正晴』（中曽根康弘・村山富市・岡本行夫・保阪正康他著、講談社）
『わが上司後藤田正晴――決断するペシミスト』（佐々淳行著、文春文庫）
『謎の独裁者・金正日――テポドン・諜報・テロ・拉致』（佐々淳行著、文春文庫）
『戦後政治の証言』（宮澤喜一著、読売新聞社）

■は行

■ま行

■や行

■ら行

■さ行

■た行

■な行

【人名索引】

古野喜政（ふるの・よしまさ）
1936年福岡県北九州市生れ。1960年京都大学法学部卒、毎日新聞大阪本社入社。社会部で事件担当。1973年３月～76年３月ソウル特派員。金大中拉致事件、民青学連事件（日本人二学生逮捕事件）、文世光大統領狙撃事件を取材。大阪本社社会部長時にグリコ森永事件指揮、編集局長、常務取締役西部本社代表。スポーツニッポン新聞大阪本社専務取締役。現在は日本ユニセフ協会大阪支部副会長、ヒューライツ大阪理事など。
著書：『金大中事件の政治結着――主権放棄した日本政府』（東方出版）、『韓国現代史メモ』（幻想社）、『どうなる南北統一――Ｑ＆Ａ』（共著、解放出版社）、『誘拐報道協定――グリコ森永事件の場合』（共著、「阪神大震災・グリコ森永ＶＳジャーナリスト」（日本評論社）。訳書：『ソウルの華麗な憂鬱』（共訳、原題「馬鹿たちの行進」崔仁浩著、国書刊行会）。

金大中事件最後のスクープ

2010年５月10日　初版第１刷発行

著　者――古野喜政

発行者――今東成人

発行所――東方出版㈱
〒543-0062　大阪市天王寺区逢阪２－３－２
Tel.06-6779-9571　Fax.06-6779-9573

装　幀――森本良成

印刷所――亜細亜印刷㈱

落丁・乱丁はおとりかえいたします。

ISBN978-4-86249-160-2